GTX 운정역·차량기지 현장점검 (2023.10.25)

'철도의 미래' GTX-A 전동차,
2023부산국제철도기술산업전 전시 (2023.6.14)

'감격스런 탄생' GTX-A 제1호
전동차 출고식 (2022.12.19)

GTX 관련 토론회·공청회·시민대회

〈GTX, 3호선 파주 연장 시민추진단 발족〉(2015.6.3)

GTX운정역 역세권 개발 구상안 주민설명회 (2019.4.5)

GTX, 3호선 파주 연장 반영
- 제3차 국가철도망구축계획(안) 공청회 (2016.2.4)

GTX 교통 혁명

파주의 미래 성장 동력

GTX 교통 혁명
파주의 미래 성장 동력

초판 1쇄 펴낸날 2023년 11월 13일

지은이 윤후덕
펴낸이 이건복
펴낸곳 도서출판 동녘

기획 윤규식 강지영
구성 김호경
자문 권영종 서충원 유정훈

편집 구형민 이지원 김혜윤 홍주은
디자인 김태호
마케팅 임세현
관리 서숙희 이주원

등록 제311-1980-01호 1980년 3월 25일
주소 (10881) 경기도 파주시 회동길 77-26
전화 영업 031-955-3000 편집 031-955-3005 전송 031-955-3009
홈페이지 www.dongnyok.com **전자우편** editor@dongnyok.com
페이스북·인스타그램 @dongnyokpub
인쇄 새한문화사 **라미네이팅** 북웨어 **종이** 한서지업사

ⓒ 윤후덕, 2023
ISBN 978-89-7297-107-8 (03320)

- 잘못 만들어진 책은 바꿔 드립니다.
- 책값은 뒤표지에 쓰여 있습니다.

파주의 미래 성장 동력

GTX
교통 혁명

윤후덕 지음

동녘

대한민국 국토 교통에 혁명과도 같은 변화, GTX

〈GTX 교통혁명, 파주의 미래 성장 동력〉에는 윤후덕 의원이 지난 10년 동안 흘린 땀과 고민이 고스란히 녹아 있습니다. GTX-A노선 파주 연장의 역사와 GTX의 의의, 미래 비전까지 총망라한 기념비적인 책입니다.

내년 말 개통하는 GTX-A노선은 우리나라 GTX 노선 중 가장 먼저 출발하는 노선입니다. A노선 출발역인 운정역에서 역사적인 첫발을 내딛게 됩니다.

GTX-A노선 파주 연장은 지난 2017년 제19대 대통령 선거에서 내가 공약한 사안이었습니다. 윤후덕 의원은 운정신도시가 2기 신도시로 자리 잡고 제 역할을 하기 위해서는 GTX-A노선 파주 연장 공약이 반드시 필요하다며 내게 강력히 요청하였습니다.

나는 파주·고양 지역 유세 때 직접 파주 시민 여러분 앞에서 'GTX-A노선 파주 연장을 책임감 있게 추진하겠다'고 약속했습니다. 결국 그 약속은 지켜졌습니다.

2017년 7월, 문재인 정부는 100대 국정과제 및 지역 공약 이행 방안이 담긴 〈문재인 정부 국정운영 5개년 계획〉을 발표했으며, 그중 수도권 상생을 위한 발전 비전 및 공약의 하나로 'GTX A노선(예비타당성 조사 중인 파주 연장구간 포함)·B노선·C노선 건설 추진'을 포함했습니다.

그해 12월 마침내 GTX-A노선 파주 연장은 최종적으로 확정되었습니다. 1년 뒤인 2018년 12월에는 역사적인 착공식이 거행됐습니다. 착공 뒤 수년이 흐른 지금, 이 사업이 어느덧 개통을 눈앞에 두고 있습니다. 2024년 말이면 GTX-A 전동차가 파주에서 첫 출발하는 역사적인 장면을 보게 됩니다. 감개무량합니다. 그동안 성공적인 사업 추진을 위해 애쓰신 모든 분들에게 경의를 표합니다.

노무현 대통령 시절, 윤후덕 의원과 나는 청와대에서 줄곧 함께 일했습니다. 늘 열정적으로 현장에 뛰어들던 활기찬 모습이 아직도 생생합니다. 당시 윤후덕 의원은 부처와 업무 조정, 복잡한 현안 해결에 남다른 역량을 발휘했습니다.

내가 대통령이 되고 나서는 윤후덕 의원과 국정 현안을 협의할 일이 참 많았습니다. 대통령 취임 첫해 윤후덕 의원은 국회 예산결

산특별위원회 여당 간사였고, 그 뒤 국회 기획재정위원장을 역임하며 활발하게 의정 활동에 임하고 있었기 때문입니다.

그때도 역시 윤후덕 의원은 뛰어난 역량과 특유의 친화력으로 국정 현안을 원만히 해결했습니다. 이러한 저력이 GTX-A노선 파주 연장을 이뤄낸 바탕이었으리라 생각합니다.

GTX 첫 출발을 앞두고 발간하는 이 책의 의미가 뜻깊습니다. 선두 주자로 나서게 될 GTX-A노선의 역사와 의의, 비전을 담은 이 책이 향후 다른 GTX 노선 추진에 참고서가 되길 바랍니다. 대한민국 국토 교통에 혁명과도 같은 변화를 가져올 GTX 성공의 초석이 되길 바랍니다.

2023년 11월

제19대 대한민국 대통령

문 재 인

〈GTX 교통 혁명〉 발간을 축하합니다

이 책은 지난 10년 간 윤후덕 의원이 시민과 함께 'GTX-A 노선 연장'이라는 숙원을 해결해낸 땀과 눈물의 기록입니다. 앞장서 파주시민의 중지를 모아내고 청와대와 정부를 설득해낸 윤후덕 의원의 뚝심과 열정이 고스란히 담겨 있습니다. 정책 전문가이자 추진력 있는 정치가인 윤후덕 의원이 지금 같은 열정과 끈기로, 국민의 대표로 우리 곁에 함께할 수 있기를 바랍니다.

2023년 11월

더불어민주당 대표

이 재 명

파주 시민과 함께 한 꿈은 반드시 이루어졌습니다.
늘 한결같은 마음으로 함께 하겠습니다.

교통은 제가 가장 관심 갖는 분야 중 하나입니다. 제가 처음 국회의원이 된 2012년, 제 고향 파주의 가장 큰 현안은 교통난 해결이었습니다. 출퇴근하는 직장인, 등하교하는 학생 등 서울을 오가야 하는 시민들이 이용할 광역교통수단이 턱없이 부족했습니다. 그래서 GTX 파주 연장, 지하철 3호선 파주 연장, 경의중앙선 야당역 신설, 광역버스 확충, 고속도로 건설 등 부족한 교통망 확대를 위해 많은 노력을 기울였습니다.

특히 당초 고양 킨텍스까지 계획됐던 GTX-A노선을 파주까지 연장시키는 것은 제게 부여된 가장 큰 임무였습니다. 파주 시민들과 함께 정부에 건의하고, 미비했던 법 규정을 정비한 뒤, 국토교통부와 기획재정부 장·차관 및 실무 담당 공무원들을 만나 끈질기게 당위성을 설명하고 실현 가능한 추진 방안을 협의했습니다.

그 결과, 마침내 2017년 12월 19일 GTX-A노선 파주 연장이 공식 확정되었습니다. 현재 원활하게 공사가 진행 중이며, 2024년 연말이면 개통될 예정입니다. 무척 기쁘고 감격스럽습니다. 오늘의 감격은 오로지 파주 시민 여러분이 있었기에 가능했습니다. 참으로 감사드립니다.

지하철보다 3배 빨리 달리는 GTX-A노선이 전 구간 개통되면 평소 2시간 내외로 걸리던 출근길에 가히 '혁명'적인 변화가 생깁니다. 파주에서 서울역까지 18분, 강남 삼성역까지 23분이면 갈 수 있습니다.

내년 하반기부터 파주에서 출발하는 GTX-A노선이 초광역 메가시티 내 주요 도시들을 빠르게 연결시킬 것으로 기대됩니다. 실제 이 노선이 운행을 시작하고 그 다음 B·C 노선까지 건설되면 서울, 경기, 인천 권역 초연결을 통한 광역대도시 경제권이 형성될 것입니다.

우리나라의 미래를 위협하는 요인으로 빠지지 않는 것이 지역 소멸입니다. 그동안 비대해진 수도권 집중을 완화해 국토 전체의 균형적 발전을 도모하고, 세계의 대도시들과도 경쟁력을 갖추도록 전국 거점지역별 거대 도시 경제권역을 마련해야 합니다. 그 핵심 키는 '철도교통'입니다.

1970년대 '산업 대동맥' 경부고속도로가 전국을 한나절 생활권으로 이어줬다면, 2000년대 들어 KTX가 전국을 반나절 생활권으로 연결했습니다. 이제는 지역별 광역급행철도망 구축을 통해 어떻게 지역 경제성장을 위한 다양한 산업, 주거, 상업 인프라를 조성할 것인지에 답을 내고 실천할 차례입니다.

영국, 프랑스 등 선진국 대도시들은 오래전부터 광역철도 교통 체계를 통해 메가시티 전략을 구사했다는 사실에 주목해야 합니다. GTX에 그 답이 있습니다.

2023년 6월 14일 역대 최대 규모로 열린 '부산국제철도기술산업전'에 다녀오면서 세계적인 철도 중심 대중교통 개편 흐름을 체감할 수 있었습니다. 선진국들은 광역철도 정책을 중심으로 교통 인프라 간 네트워크를 강화하며, 국토 균형발전과 도시 성장 전략을 추진하고 있었습니다.

마침 이 전시회에는 2024년부터 파주에서 출발하는 GTX 전동차량의 실물도 출품돼 있었습니다. 저는 감격스러운 마음으로 GTX 차량에 탑승해 보고, 관계자로부터 이 차량에 담긴 기술력에 대해 설명을 들었습니다. 전시장을 나오면서 GTX가 파주에 가져올 교통 운송 효과와 경제 효과를 생각하며 한껏 기대감에 부풀었습니다.

그런데 아직 저는 마음 한구석이 불편합니다. 지하철 3호선 파주 연장이 기재부 민자적격성조사에 들어갔지만, 경제성이 충분하지 않아 어려움을 겪고 있기 때문입니다. 다행인 점은 2023년 5월 25일 국회를 통과한 〈평화경제특구법〉이 시행을 앞두고 있어, 이 법에 따라 파주가 평화경제특구로 지정되면 지하철 3호선 파주 연장의 경제성 확보에도 큰 보탬이 될 것으로 기대합니다.

또 문산 차량기지를 활용하는 방안도 실무적으로 심도 깊게 검토되고 있어 경제성 확보에 기대감을 높이고 있습니다. 운정 1, 2, 3지구 신도시 추진이 마무리 단계에 있으며, 파주 인구는 이미 50만 명을 넘어섰습니다. 파주 평화경제특구 지정도 이 같은 현실적 근거들을 토대로 추진되고 있습니다. 지하철 3호선 파주 연장이 성사돼야 할 이유이기도 합니다.

어깨가 무겁지만 힘들지는 않습니다. 파주 시민들과 함께 발로 뛰고 땀 흘리면 꿈은 반드시 이루어졌기 때문입니다. 앞으로 다가올 파주 발전 새 시대는 지하철 3호선 파주 연장과 파주 평화경제특구라는 양 날개의 힘으로 활짝 열릴 것입니다. 그 길에 파주 시민 여러분과 늘 한결같은 마음으로 함께하겠습니다.

감사합니다.

2023년 11월
파주 갑 국회의원 윤후덕

차례

> **1부**
> **GTX 교통 혁명의 시작, GTX 파주 출발**
> **—〈대광법〉개정부터 착공·개통까지 10년의 기록**

1장　파주 발전의 원동력, GTX–A 파주 연장

2장　예타 통과와 파주 출발 확정

2부
GTX 교통 혁명이 가져올 변화

4장 파주시의 변화와 대응

3부
GTX 교통 혁명과 파주의 미래

1장　GTX운정역 역세권 개발과 성장거점 육성

2장　GTX와 파주형 MaaS의 도입

GTX 교통 혁명의 시작, GTX 파주 출발

— 〈대광법〉 개정부터 착공·개통까지 10년의 기록

1장

파주 발전의 원동력,
GTX−A 파주 연장

1 | 운정신도시의 탄생

한적한 농촌마을에서 2기 신도시로 지정된 '운정'

운정(雲井)은 원래 교하(交河)읍에 속해 있었다. 한적한 농촌마을이었던 이곳이 2000년대 들어 사람들의 이목을 집중시켰다. 이른바 '운정신도시'라는 명칭으로 파주의 제2기 신도시로 발표되었기 때문이다.

1기 신도시가 마무리된 이후에도 서울은 여전히 팽창하는 중이어서 주택 문제가 심각하였다. 이를 완화시키기 위해 2003년에 2기 신도시 건설이 발표되었다. 파주, 김포, 검단, 판교 등 서울에서 30km 이상 떨어진 곳들이었다. 파주는 그 전인 1998년 12월에 파주운정(1단계) 택지개발예정지구(약 7.60km²)로 지정되어 있었다. 2003년 신도시 계획이 발표되면서 약 9.09km²로 늘어났다.

2기 신도시는 환경 보전 증대, 세계화 시대의 국제경쟁력 제고, 정보화·광역화·지방화에 따른 다원화된 생활 문화 창출, 수도권 내 균형발전 및 남북통일 대비라는 네 가지 목적에 맞춰져 건설이 진행되었다.

운정신도시의 목표는 수도권 공간 구조 개편을 위하여 중부권역의 주택 일부를 공급하고, 수도권 균형발전을 위한 서북부 개발을 확대하는 것이었다. 또한 통일에 대비한 남북교류의 역할을 맡는 것이었다. 나아가 LG와 연계하여 산업발전의 한 축을 이끌어가는 최적지로 선정되었다. 교하읍 동패, 목동, 야당, 와동, 당하, 상지석, 다율, 교하리 일원이 포함되었다.

운정신도시는 크게 3개 지구로 나뉜다. 1, 2지구는 약 9.45km²로 개발이 착착 진행되어 주민들의 삶이 시작되었다. 그러나 약 6.94km²에 달하는 운정3지구는 개발 과정에서 주민들에게 커다란 고통을 안겨주었다.

—

2 | 희생과 아픔이 점철된 운정3지구

2년 7개월 동안의 고통

2006년 10월에 계획이 발표됐던 운정3지구는 2009년 하반기에 토지 매수가 시작되는 일정으로 진행되었다. 그런데 2009년 9월에 지장물조사를 하다가 일방적으로 사업 추진이 중단되었다. 한국토지주택공사(LH)에서는 사업을 계속 추진하겠다고 밝혔으나 구체적인 향후 일정을 내놓지는 않았다.

가장 큰 문제는 사업이 중단된 이후 2년 7개월 동안 발생한 이자 부담을 고스란히 주민들이 떠맡고 있다는 것이었다. LH는 한국토지공사와 대한주택공사가 통합되어 새로 출범한 공사(公社)였는데 그 과정에서 부채도 합쳐져 큰 부실기업이 되었다. 그 결과 사업이 일시 중단된 것이다. 사실상 LH가 사업을 포기했으나 어려움에 빠진 주민들이 고생 끝에 지혜롭게 대응하여 가까스로 살려낸 셈이다.

문제는 애초에 제시됐던 일정을 믿고 토지 소유자들이 농토와 공장 이전을 위해 대출을 받았고, 그로 인한 이자가 극한 상황에까지 이르렀다는 점이었다. 토지 소유자 입장에서는 머지않아 보상이 나오기 때문에 농토나 공장 이전을 한 것이다. 당초 일정대로 진행되었다면 아무런 문제가 없었을 것이다.

하지만 일방적인 사업 중단으로 인해 이자를 내는 기간이 크게 늘어나게 되었다. 그 후 토지를 담보로 이자 낼 것을 대출 받아 충당하고, 또 대출 받아 채우고 등을 반복하다 보니 감당할 수 없는 상태가 된 것이다. 연체이자 물다가 사채 쓰고, 결국 경매 들어가서 경락 당해 집이 넘어간 주민도 있었고 그 와중에 극단적 선택을 하는 참변까지 일어나는 등 극한 상황에 이른 것이다.

그때 파주에 운정신도시가 필요한 궁극적 요소가 있었다. 운정 3지구처럼 대규모 사업이라면 교통 대책의 뒷받침이 필수적이다. 교통 대책에 따른 소요 비용이 대략 1조 2천억 원(2010년 기준) 정도인데 지하철 3호선, GTX 연장, 경의선 역사 신설 등이 포함된다. 하지만 사업이 이뤄지지 않으면 이 같은 교통 대책 자체가 무산된다. 역설적으로 그만한 교통망이 확보돼야만 운정신도시를 포함하여 파주 전체가 발전되는 것이다.

즉 파주 전체를 한 단계 발전시킬 수 있는 교통 대책이 포함되어 있기 때문에 파주의 모든 이해관계가 연결된 것이다. 또 하나는 운정신도시 건설과 관련하여 토지보상비, 건설 비용 등이 일정 기간 순환되어야 해당 주민이 살게 되고 지역경제가 활성화된다.

운정 1, 2지구와 교하, 그리고 3지구 사업이 함께 어우러지면 총 $19.83km^2$에 달하는 체계적 기반시설을 갖춘 분당급 신도시가 조성

된다. 이만한 규모가 되어야만 도시경쟁력을 가질 수 있다. 즉 운정3지구 사업이 필수적이었다. 따라서 3지구의 문제는 토지 소유자 2천여 명의 토지보상 문제만은 절대 아니었다. 이것은 지역사회 전체의 문제였다. 주민들은 대책위원회를 만들어 정부에 민원을 접수하고, 규탄대회도 여러 차례 열었으나 별다른 진척이 없었다.

36명의 삭발과 안타까운 죽음

나는 이 문제를 해결하기 위해 직접 뛰어들었다. 노무현 정부의 청와대와 행정부에서 일하면서 집단민원을 다뤄본 경험도 많았기에 대책위원회 자문위원으로서 집행부에 참여했다. 내가 할 수 있는 일은 LH공사, 국토해양부, 청와대, 정부, 여당 사이에서 LH의 사업 구조조정을 논의하는 과정을 추론해서 추적해가는 것이었다.

길거리에서 눈물 어린 호소와 집회를 했고, 정부와 여당 내에서 내부 논의가 이루어지는 과정들로 치고 들어갔다. 의사결정 과정마다 주민들의 의견이 직접 반영될 수 있도록 자문 활동을 했다. 국회 상임위에서 설명하고 그 국회의원들을 통해 주민들이 처음으로 LH와 국토해양부 등 관계자들과 한자리에서 좌담회를 할 수 있게 만들었다. 나는 그때 현역 의원이 아니라 낙선한 야당 원외위원장으로서 마중물의 역할을 했다.

그럼에도 보상이 늦어져 목숨을 끊는 일까지 발생했다. 월 이자만 수천만 원을 갚아야 하는데 갚을 방법이 없어 극단적 선택을 하는 끔찍한 일까지 벌어진 것이다. 견디다 못한 주민들은 2011년 들어 무기한 단식농성에 들어갔다.

또한 36명이 삭발하는 등 강경 투쟁도 벌였다. 머리를 삭발한 까닭에는 여러 의미와 사연이 얽혀 있다. 의미는 주민들과 함께 고생하겠다는 결심이었고, 실제 사연은 다음과 같다.

그동안 3지구와 관련하여 상당히 많은 사람들이 삭발을 했다. 2010년 7월에 주민 2명이 처음으로 삭발을 했다. 그러나 한 분은 좋은 소식도 듣지 못하고 속병을 앓다가 작고했다. 이어 11월에 국회 앞에서 2명, 12월에 나도 삭발을 했다.

이러한 투쟁 방식이 주민들에게는 법 테두리 안에서 할 수 있는 가장 강력한 항의의 표현 수단이었다. 더 나아간다면 무기한 단식 투쟁이 있을 것이었다. 불법투쟁이야 수없이 많지만 우리는 법을 지키며 투쟁을 해나갔다.

11월에 국회 앞에서 집회를 하고 그 자리에서 비대위원장과 여성 주민이 삭발을 한 것은 많은 사람들에게 큰 감동을 주고 각오를 갖게 했다. 집회에 모인 모든 사람들이 울었다. 여성이 삭발을 하는 것은 쉽지 않은 결정이었다. 아이 둘을 둔 평범한 가정주부이자 공장을 운영하시는 분이었다. 그 모습을 보며 나도 모르게 감정이 복받쳐 올라 "다음번엔 제가 깎을게요"라고 위로의 말씀을 드렸다. 그렇게 약속한 후부터는 늘 마음속이 묵직했다. 그 여성 주민과의 약속을 지키기 위해 12월 6일에 분당 LH 본사 앞에서 나도 삭발을 했다.

"나는 마중물의 역할입니다. 제가 정부여당의 장관 정도의 위치가 아니니까 LH 사장을 만날 수 있나요? 안 되지요. 하지만 내가 삭발하면, 상대 경쟁자인 현역 국회의원이 움직일 수 있게 만들어 주민들의 심부름을 할 수 있지 않나요?"

이렇게 내 역할을 주민들에게 설명하고 삭발을 했다. 깎고 나니 오히려 가슴이 후련해졌다. 약속을 지켜 떳떳하다는 마음도 들었다. 그럼에도 LH공사에서는 추진 일정을 명확히 밝히지 않았다.

더 이상 참을 수 없었던 주민들은 해를 넘긴 2011년 3월 10일 밤에 분당 LH공사 앞에서 집단으로 삭발을 했다. 모두 36명이 참여하는 큰 사건이었다. 단군 이래 이렇게 많은 사람이 한꺼번에 삭발하기는 그때가 처음이었다. 삭발 대열에 참여했던 나의 심정과 각오는 블로그에 고스란히 나타나 있다.

36명이 삭발을 했습니다

보상이 아니면 죽음을 달라 했던 운정3지구 주민들.

그분들 중 36명이 삭발을 했습니다. 우리가 나라를 만든 지 5천 년이 넘었지만 36명이 한곳에 모여 집단으로 머리를 '빡빡' 밀어버린 것은 아마도 최초의 일일 것입니다. 참으로 눈물이 쏟아지고 억장이 무너집니다. 더욱 참을 수 없었던 것은 삭발한 주민 중에는 아기 엄마도, 아주머니들도 있었다는 것입니다.

그 자리에 참여한 저는 제 손으로 세 분의 여성과 세 분의 남성 주민의 머리를 직접 깎아야 했습니다. 아직 갓난아기를 키우고 있는 젊은 엄마, 이제는 나이 들어 자식들 시집장가 다 보낸 아주머니, 손자 손녀 귀여운 재롱에 시간 가는 줄 몰라야 할 늙은 아저씨들…. 저는 그분들의 머리카락을 아주 짧게 잘라야 했습니다.

젊은 아기 엄마의 긴 머리를 자르는 제 손이 부들부들 떨렸습니다. 하염없이 눈물이 흘러내렸습니다. 왜 이리도 서러운지요! 그렇게 세 분의 아주머니 머리를 깎고, 또 세 분 아저씨의 머리를 깎았습니다. 눈물이 말라야 하는데, 그날 제 눈물은 도저히 마를 기미가 보이지 않았습니다. 그래서 흐르는 눈물을 그대로 놔둔 채 흐느끼면서 머리를 깎았습니다. 그리고 마음속으로 이분들의 소망이 반드시 이루어질 수 있도록 간절히 빌었습니다. 또 저는 다짐했습니다.

'다시는 국가가 국민을 배신하는 일이 일어나지 말게 하자.'

그런 각오와 결의로 3월 10일 밤을 보냈습니다. 다시 한번 결연한 의지와 진심을 담아 운정3지구 주민들에게 하루속히 합리적인 보상이 이루어지길 강력하게 촉구합니다.

거의 모든 언론에서도 이 사건을 중요한 뉴스로 보도했으나 LH공사는 이를 외면하며 아무런 조치도 취하지 않았다. 결국 5월 들어 주민이 극단적 선택을 하는 참사가 일어났다. 5월 21일에 한 주민이 유서를 남겨놓고 최후의 선택을 했다. 그는 죽음의 순간까지도 운정3지구 사태가 하루빨리 해결되기를 바란다는 유서를 남겼다.

대통령님, 운정 3지구 주민입니다. 너무 어이없는 일을 당했습니다. 세상에 이런 경우가 있는지 몰랐습니다. 너무 기가 막히고 힘들었습니다. 제가 마지막이었으면 좋겠네요. 빨리 보상해 주세요. 또 다른 희생자가 없게.

장례식이 치러진 후 나는 주민들과 함께 LH 파주사업본부 앞에서 단식투쟁에 들어갔다. 10월 24일부터 무려 열흘간에 걸친 단식이었다. 다음은 당시 지역신문에 기고했던 단식농성 이야기의 일부이다.

나는 왜 단식농성에 동참했는가?

내가 단식농성에 동참한 지 10일 차다. 꼬박 26끼를 굶었다. 물과 소금만 먹었다. 이젠 정말 그만 끝내고 미음이라도 먹고 싶다. (…) 입이 바싹바싹 타오른다. 76kg에서 66kg으로 줄었다. 농성장에는 연인원 2천여 명이 넘는 주민들이 다녀갔다. 수많은 사연을 이야기한다. 모두가 걱정들이다. 속이 타들어간다. 서로서로를 위로해주고 위로를 받으려고 이야기한다.

> "봄에 이자유예를 6개월 받았는데 이제 날짜가 다 되어가요. 목돈이 되어버렸어요. 갚을 방법이 없어요."
>
> "경매에 들어가기 전에 제2금융권으로 갈아타려고 알아보려 다니고 있어요. 이자가 두 배가 넘어가네요."
>
> "개인회생 절차에 들어갔어요. 변호사 비용 500만 원은 냈는데 법원 비용 600만 원을 마련하지 못하고 있어요. 누가 10만 원도 빌려주질 않아요."

주민들은 한계 상황에 와있다. 벼랑 끝에 내몰려 있다. 사업이 일방적으로 지연되면서 내지 않아도 될 이자를 2년 7개월 동안 생으로 내고 있는 것이다.

"자신에게 아무리 이익이 된다고 해도 해서는 안 되는 것이 있다. 사람을 죽음에 이르게 해서는 안 된다. 그때 자신의 이익을 더 이상 취하지 않고 그만두는 것이 정의다."

《정의란 무엇인가?》에 나오는 말이다. 어떻게 국가와 공기업이 정의에 반해 국민의 생명을 위협하는가? 그러면서 어떻게 국민에게 세금을 내라고 할 수 있는가? 반드시 바로잡아야 한다.

이러한 주민들의 단합된 호소와 투쟁을 거쳐 드디어 2011년 11월 10일, 운정3지구 비상대책위가 낸 민원에 대한 회신이 왔다.

"지장물조사를 조속히 완료하고(2012. 2), 행정절차에 따라 보상계획 공고 및 감정평가 등을 거쳐 보상 착수할 예정입니다."
"아울러 주민 불편을 최소화하기 위해 지장물조사 기간 및 보상 시기 단축 등에 노력할 것임을 알려드립니다."

6일이 지난 2011년 11월 16일 LH공사 사장이 파주에 왔다. 정확히 1년 전에 국회 앞에서 운정 주민 2명이 삭발한 날이다. LH공사 사장은 운정3지구비대위를 방문해 주민들께 사죄했다.

"그동안 고생시켜서 죄송합니다. 사죄드립니다."

나아가 "지장물 조사를 당초 계획인 2월에서 1월로 앞당겨 완료하고, 조사가 끝나는 대로 보상계획을 공고하고, 바로 감정평가 절차에 들어가 신속히 보상에 들어가도록 하겠다"고 밝혔다. LH공사 운정신도시 사업본부에서 4자 회동을 하면서 LH공사의 이러한 방침이 확인되었다. 오랜 투쟁의 기간이 끝나는 순간이었다.

해를 넘긴 2012년 9월, 드디어 토지보상이 시작되었다.

운정3지구 개발은 예정대로 진행되었더라면 그 누구도 피해를 입지 않았을 국가사업이 뜻밖에 지연되어 많은 피해자가 발생한 대규모 사업이다. 3년에 걸쳐 한마음 한뜻으로 극한의 고통을 이겨내고 삶의 제자리로 돌아간 운정3지구 비대위의 승리였다. 이 지면을 통해 그렇게 처절히 투쟁하면서 헌신했던 분들께 감사를 전한다. 나아가 이 자리를 빌어 "수고하셨습니다"라는 위로와 "행복하게 사세요"라는 진심 어린 당부를 전한다.

가장 큰 난점은 교통의 문제

이러한 고통과 우여곡절, 목숨까지 희생하는 아픔을 거치면서 운정신도시는 탄생했다. 현재 운정에는 가람마을, 노을빛마을, 두일마을, 물향기마을, 별하람마을, 산내마을, 숲속길마을, 책향기마을, 청석마을, 초롱꽃마을, 한빛마을, 한울마을, 해솔마을, 해오름마을 등이 자리잡고 있다.

잘 계획된 도심지와 주거지에는 운정호수공원이 자리하고 있다. 호수공원은 원래 늪지이면서 그 옆에 군부대가 있었으나 부대가 이전한 뒤 아름다운 공원으로 탈바꿈했다. 운정 위 월롱에 LG디스플레이 공장이 있고, 문발동에는 대한민국 출판·인쇄 산업의 총본산인 파주출판단지가 있다. 과거 전형적인 농촌마을이었던 파주가 첨단산업의 도시, 문화의 도시로 변모하는데 큰 역할을 하고 있다.

2기 신도시는 1기 신도시들에 비해 교통의 취약점을 안고 있었다. 1기 신도시들보다 약간 더 먼 거리일뿐더러 지하철이 함께 건설되지 못했기 때문이었다. 다행히 운정은 경의중앙선 운정역이 있기는 했지만 신도시와는 1km 정도 떨어져 있어 이용에 불편을 겪어야 했다. 버스와 승용차 이용도 처음에는 그다지 효율적 수단이 아니었다. 당초 12만으로 계획되었던 인구가 완공 후 20만이 되었고, 파주시 인구도 계속 늘어나 50만 명을 넘어섰다. 2022년 5월에 500,008명이 된 이후 23년 6월에 512,513명으로 1년 만에 또 12,505명이 증가한 것이다.

이러한 인구 증가에 맞춰 교통 문제를 해결하지 못하면 명품 신도시는커녕 중간쯤의 신도시도 되기 어려운 상황이었다. 개발 초기에 제시된 운정지구의 교통 대책은 다음과 같았다.

운정1, 2지구 광역교통 개선 대책 (단위: 억원, %)

개설 계획(20개)	총사업비	LH	경기도	고양시	운정1·2지구	파주시
도로 6개 48.7km 신설 역 1개 중앙차로 2개 31.0km 접속 7개, 환승센터 1개	24,148 (100)	20,296 (84.0)	829 (3.4)	829 (3.4)	2,022 (8.4)	172 (0.7)

가장 늦게 개발된 운정3지구의 교통 대책도 별도로 세워져 있었다.

운정3지구 광역교통 개선 대책 (단위: 억원, %)

개설 계획(12개)	총사업비	LH	고양시	파주시(민자)
도로 5개 14.9km, 신설 역 1개, BRT 1개, 신교통수단 7.4km, 접속 4개	10,335 (100)	7,660 (74.1)	1,175 (11.4)	1,500 (14.5)

이를 구체적으로 보면 다음과 같다.

구 분	사업 시행자 연장(km)	사업비 (사업자부담) 폭원 (차로)	규 모	
			연장 (km)	폭원 (차로)
소 계		10,335 (7,660)		
시도 1호선 우회 및 국지도 56호선 확장	LH	(610)	2.55	2→4, 4→6
김포~관산간도로 (운정3IC~지방도 363호선)	LH	(2,022)	4.8	4
김포~관산간도로 (지방도 363호선~국도 1호선)	고양시	1,175	3.0	4
지방도 363호선 (김포관산간 접속부~분리부)	LH	(288)	1.2	4→6
신도시~일산간 도로 확장 (BRT 포함)	LH	(750)	3.35 (BRT 5.1)	4→6 6→8
김포~관산간 도로 지방도 363호선	LH	도로건설비에 포함	접속 시설	

제2자유로 종점부 입체화 (난지도길)	구룡 사거리	서울시	(200)	접속 시설	
	월드컵파크 교차로	서울시	(240)	접속 시설	
	월드컵 교차로	서울시	(280)	접속 시설	
경의선 추가 역사 신설		철도 공단	(270)	역사 신설	
신교통수단 (대화~운정신도시)		파주시 (민자)	4,500 (3,000)	7.4	

이 계획이 발표되었을 때 마지막 항목의 '신교통수단'이라는 용어를 정확히 이해하는 사람은 많지 않았다. '신교통수단'이 GTX로 널리 통용되기 위해서는 시간이 더 필요했기 때문이었다. 당시 파주시는 대화역에서 운정신도시까지 새로운 교통수단을 설치하는 비용으로 3천억 원을 계상했다. 그러나 이 계획이 실현되기 위해서는 시간은 물론 여러 사람의 엄청난 노력이 필요했다.

운정신도시는 1기 신도시들의 미비점을 개선하여 꼼꼼하게 설계되어 아름다운 도시의 모습을 갖추었으나 현대인에게 가장 중요한 이동의 문제를 해결하지 못하면 주민들의 행복감은 저하될 것이 분명했다. 나는 이 문제를 해결하기 위해 모든 공력을 쏟아붓기 시작했다.

3 | 파주 시민의 삶이 걸린
      GTX 파주 출발

한 시민이 보낸 글

2011년 12월, 나는 이듬해 4월 실시될 제19대 총선에 출마하기 위해 국회의원 예비후보자 등록을 마쳤다. 매일 추운 새벽에 집을 나서 출근길 시민들에게 인사를 했다. 그때 경의선으로 출근하는 한 시민께서 내게 글 하나를 보내왔다.

> "2기 주요 신도시 중 하나인 운정신도시가 GTX의 출발역으로 지정되지 않으면 영원한 2, 3류의 볼품없는 신도시가 되겠지요. GTX 파주 출발 확정 유무가 운정신도시의 미래를 결정합니다."

출·퇴근은 노동의 과정이나 마찬가지다. 편리한 교통수단은 바로 생계수단이다. 출퇴근이 편안해야 삶도 편안해진다. 그래야 파주를 떠나지 않고도 서울에 있는 직장에 다니고, 서울에 있는 학교로 통학도 할 수 있다. 파주에 있는 내 집에서 계속 살아가기 위해서는 교통이 좋아져야만 한다. 이처럼 파주 시민들에게 GTX는 단순한 교통수단을 넘어 삶의 수단으로서 절실하게 직면한 현실이었다. GTX를 빼놓고 운정신도시의 성공을 기대하는 것은 불가능했다.

그러나 넘어야 할 현실의 벽은 높았다. 일산 킨텍스까지 계획된 GTX-A노선을 파주까지 연장하기에는 여러 한계가 가로놓여 있었다. 국가철도망구축계획에도 반영돼 있지 않았고, 특히 법률적으로도 제약이 있었다.

운정신도시를 계획할 때 파주는 중요한 역할이 부여되어 있었다. 첨단산업의 도시, 문화 선도의 도시, 도농복합도시로서 서북부의 균형있는 발전을 이뤄야 할 책임이 있었다. 그러한 발전의 바탕은 마련되어 있었으나 신속하고 정확한 교통수단이 뒷받침되지 않으면 '불편한' 신도시가 될 수밖에 없었다.

그런데 2007년부터 논의가 시작된 GTX-A는 일산 킨텍스가 시·종점이었다. 겨우 6km를 눈앞에 두고 열차가 멈추게 된 것이었다. 2003년 4만 2천여 명이었던 운정은 계획 인구를 가파르게 뛰어넘고 있었다. 택지개발이 종료되는 시점에는 더 많은 인구가 유입될 것으로 예상되고 있었다. 그럼에도 GTX가 연결되지 않으면 25만여 명에게 불편을 주는 것은 물론 산업 발달에도 심각한 악영향을 끼칠 수 있었다.

2008년 총선에 이어 2012년 제19대 국회의원 선거에 두 번째 도전장을 내밀었던 나는, 파주의 최대 현안이었던 GTX-A 파주 연장을 제1공약으로 삼았다. 당선 뒤에는 GTX 파주 연장을 위해 무엇부터 먼저 해야 할지 찾았다. 국토부 장관, 차관은 물론 담당 사무관, 과장을 만나 읍소하고, 파주 연장의 당위성을 설명했다. 법률적인 걸림돌이 있으면 해결책을 찾아 제시했다.

지난 10년은 그렇게 국토부와 기재부를 쫓아다니며 GTX-A 파주 연장을 위해 발로 뛰고 읍소했던 세월이었다. 하지만 처음부터 쉬운 것은 하나도 없었다.

4 | 2012년의 상황
— 〈대광법〉 시행령이 문제다

GTX, 〈제2차 국가철도망구축계획〉 반영… 파주는 제외

GTX는 2011년 4월 국토부가 발표한 〈제2차 국가철도망구축계획 (2011~2020년)〉 전반기 사업에 반영되었다. 그런데 문제는 그 계획에 파주가 포함되어 있지 않다는 것이었다. GTX A노선은 일산~수서 구간, B노선은 송도~청량리 구간, C노선은 의정부~금정 구간 등 3개 노선으로 정해졌다.

A노선에 파주가 배제된 이유는 〈대도시권 광역교통관리에 관한 특별법〉(대광법) 시행령에 있었다. 대광법 시행령 제4조(광역철도) 제 1항 제2호는 "전체 구간이 50km 이내일 것"으로 규정되어 있었다. 그런데 A노선 수서~킨텍스 구간이 46.2km였고, 여기서 파주까지 가려면 6km 가량을 더 가야 하기 때문에 '50km 이내'를 충족할 수 없었던 것이다. 그래서 파주가 A노선에 포함되려면 이 법 시행령의 50km 조항을 60km로 개정하거나 "다만 신도시 조성 지역은 예외로

한다"는 단서 조항을 넣는 수밖에 없었다.

GTX는 애초부터 신도시 광역교통 대책으로 만들어진 것이다. 파주에는 분당보다 큰 19.83km² 규모의 신도시가 만들어지고 있었다. 당연히 대규모 신도시가 들어서는 파주에 우선권이 있었다. 또한 파주는 이미 운정3지구 광역교통 개선 대책에 LH공사가 부담하는 '신교통수단 기금'으로 3천억 원을 확보한 상태였다. 파주가 A노선에 포함되지 않을 이유는 어디에도 없었다. 신교통수단으로 표기된 것은 당시만 해도 GTX라는 용어가 확정되기 전이었기 때문이다.

GTX 파주 출발, 제1공약⋯ 제19대 국회의원 당선

2012년 4월 11일 실시된 제19대 총선에 파주 갑 후보로 출마한 나는 시민들의 절실한 염원을 가슴에 안고 제1공약으로 'GTX 파주 출발'을 내세웠다. 국회의원에 당선되면 대광법 시행령을 고치고, GTX-A노선에 반드시 파주를 포함시키겠다고 다짐했다.

파주 시민들은 GTX 파주 연장을 제1공약으로 내세운 나를 19대 파주 갑 국회의원으로 선택해 주었다. 정부 수립 이후 치러진 19번의 선거에서 진보 계열이 파주에서 당선된 것은 내가 처음이었다. 64년 만이었다. 나는 그에 보답하기 위해 국회 첫 상임위부터 국토해양위원회를 선택하였다. 임기 시작 직후인 2012년 6월 5일 권도엽 국토해양부 장관을 만나 GTX-A 노선 파주 출발의 당위성과 함께 여건도 충분히 갖추어져 있음을 설명했다.

"이미 파주시가 사업비 3천억 원을 확보했고, 차량기지 건설을 위한 필요 토지도 충분히 제공할 수 있습니다."

이렇듯 여러 사항을 강조하며 GTX 파주 출발을 위한 대광법 시행령 개정을 강력히 요청하였다.

권도엽 국토해양부 장관과의 인연

권도엽 장관은 토목공학을 전공한 건설 전문 관료였다. 내가 노무현 정부에서 국무총리 비서실장으로 일하던 2007년 즈음에 그는 한국도로공사 사장으로 재직하게 되었다. 업무 협의차 그를 만나 몇 가지 사안에 대해 이야기를 나눈 후 그의 능력이 매우 출중하다는 것을 알았다. 나는 그에게 덕담을 건넸다.

"나중에 꼭 국토부 장관을 하실 것입니다."

그때 그는 감사 인사를 표했는데 아니나 다를까 이명박 정부에서 2011년 5월에 국토해양부 장관으로 발탁되었다. 나의 예측이 맞아 떨어진 셈이었다. 장관 취임 이후에도 권 장관은 나에게 매우 호의적이었다. 내가 18대 총선에 낙선해 지역위원장으로 있을 때인 2011년 7월 13일에 제2자유로 개통식이 열렸다. 나에게도 초대장이 왔다. 정부 행사에는 보통 관계기관장과 지역 국회의원이 참석한다. 야당의 지역위원장을 초대하는 경우는 극히 드물다. 그럼에도 권 장관은 나를 초대해 개통식에 참여토록 했다. 무척 감사한 일이다.

그날 개통식에는 권 장관을 포함해 경기도지사, LH 사장, 고양시장, 파주시장 등 주요 인사들이 대거 참석했다. 권 장관과의 그 고마운 인연이 훗날 GTX 파주 연장에 큰 힘이 되어주었다.

파주 시민들의 열성적인 서명운동

대광법 시행령 개정은 파주 시민들에게 중요한 사안이었다. GTX 파주 연장의 관건인 만큼 개정 요구도 무척 강력하고 적극적이었다. 당시 운정신도시연합회(회장 이승철, 이하 운정연)를 중심으로 한 운정 주민들은 자발적으로 서명운동을 시작해 무려 15,704명이 참여한 〈수도권광역급행철도 파주 연장 건설에 관한 청원서〉를 들고 2012년 9월 27일 국회로 찾아왔다. 나는 주민 대표들과 함께 국회 민원실에 이 청원서를 정식으로 접수하였다.

해가 바뀌어 2013년 1월 15일. 지난번에는 15,704명이었지만 이번에는 63,567명의 파주 시민이 참여한 〈GTX 파주 건설을 위한 시민청원서〉가 국회의원실로 도착했다. 나는 시민 대표, 파주시 공무원과 함께 곧바로 삼청동 대통령직 인수위원회를 찾아 이현재 인수위원 겸 경제2분과 간사에게 이 청원서를 직접 전달하였다.

5 | 국회에서 펼친 GTX 정치

본격적으로 시작된 〈대광법〉 시행령 개정

박근혜 정부는 초대 국토교통부 장관으로 서승환 연세대 교수를 지명했다. 국회는 2013년 3월 6일 장관 인사청문회를 실시했다. 나는 인사청문회를 준비하면서 서승환 후보자에게 서면으로 GTX 파주 출발 및 대광법 시행령 개정에 대한 견해를 물었다. 서 후보자는 이 질의에 긍정적으로 답변하였다.

"기본계획 수립 과정에서 심도 있게 검토하겠습니다. 도시의 광역화 추세를 감안할 때 광역철도 지정 범위를 재정비할 필요가 있으며, 국가재정과 연계된 사항이므로 향후 예산 당국과 협의하겠습니다."

'광역철도 지정 범위를 재정비할 필요가 있다'는 말은 GTX 파주 연장에 희망적인 언급이었다. 청문회에서 나는 여러 가지를 물었다. 그중 하나는 "중요한 것은 대통령과의 지근거리와 신뢰"라고 말한 후 "스스로 측근이나 실세라고 생각하느냐"고 물은 것이다.

서 장관은 나와 같은 학교인 연세대 동문으로 75학번이었고, 나는 76학번으로 그의 1년 후배였다. 경제학을 전공해 국토개발과 교통, 부동산 문제 등에 대해 해박한 지식을 가지고 있었다. 나의 질문에 서 장관은 "대통령의 측근이나 실세가 전혀 아니다"라고 대답하였다.

그 말은 국가 정책을 추진할 때 당위성과 적합성을 우선으로 한다는 뜻이기도 했다. 서 장관은 2013년 3월부터 2015년 3월까지 장관으로 재직하면서 GTX 파주 연장을 적극 지원해준 고마운 선배였다.

한편 GTX는 서울시로 출퇴근하는 것이 가장 중요한 문제이기 때문에 서울시와 협조 체제를 만드는 것이 무엇보다 중요했다. 나는 2013년 3월 28일, 4월 29일 두 차례 박원순 서울시장을 만나 GTX 파주 출발의 당위성과 서울시의 적극적인 협조를 당부하였다. 박시장은 그렇게 하겠다고 흔쾌히 답변해 주었다.

서승환 장관 만나러 세종시로 떠난 새벽 아침

2013년 9월 9일

새벽 5시. 아직 깜깜한 밤이다. 새벽바람이 제법 차게 느껴진다. 먼 길을 나선다. 세종시 정부종합청사로 간다. 국토부 장관을 만나기로 한 날이다. 업무 시작 전에 내 볼일을 보고 빨리 되돌아오려고 새벽 시간으로 약속을 잡았다.

자유로를 지나 한남대교를 건너 경부고속도로에 들어섰다. 아직 6시

전인데도 고속도로에 들어선 차량들이 빼곡하다. 장례버스가 지나간다. 아침에 장례차를 보면 재수가 좋다는데, 일이 잘 풀리려나?

드디어 7시 19분, 세종시 정부청사 6동 국토부에 도착했다. 파주에서 2시간 10분을 달려온 셈이다. 나는 수도권광역급행철도 파주 출발 문제와 관련해 "사업비 20% 이내의 사업 변경은 실시계획에서 가능하다는 것이 전문가 의견"이라고 지적하며, 앞으로 수도권광역급행철도 실시계획 수립 과정에서 A노선 파주 출발이 성사될 수 있도록 국토부가 노력해 줄 것을 요청했다.

서승환 장관은 조만간 기획재정부에서 예비타당성조사 결과를 발표할 예정인데, 현재 A노선 기본계획에 포함되어 있지 않은 파주 출발을 실시계획에서는 포함될 수 있도록 해보겠다고 답변했다. 이 정도면 서승환 장관으로서는 최선을 다한 답변이라고 생각했다. 문제는 기획재정부의 생각인데 그게 아직 만만치 않아 보였다.

마침내 개정된 〈대광법 시행령〉

2013년 10월 30일 국토부는 대광법 시행령 개정안을 입법예고했다. 주요 내용은 '도시 주요 통근 지역(서울시청) 기준으로 반경 40km 이내'이다. 파주 시민들이 시행령을 개정하라는 첫 청원서를 제출한 지 1년을 눈앞에 두고 있었다.

나는 그보다 앞선 10월 7일 국토부에 공문을 보내 대광법 시행령 제4조 제1항 제2호의 규정을 개정해 줄 것을 요청했다.

– 전체 구간 50km에서 60km로 연장하는 것

– (혹은) 서울의 주요 통근 지역을 기준으로 반경 50km 이내

    이와 같이 조정하는 방안을 제안하였다. 국토부는 두 번째 제안을 받아들인 셈이다. 나는 반경 50km를 제안했으나 국토부는 10km를 깎아 반경 40km로 입법예고하였다. 이 기준을 적용하니 파주는 서울시청 기준은 물론, 강남역을 기준으로 해도 반경 40km 범위 안에 들었다.

    이로써 GTX 파주 연장의 법적 걸림돌은 제거됐고, 이 개정안은 입법예고 기간을 거쳐 2014년 3월 28일부터 시행되었다.

6 | 국토부 기본계획에서 제외된 GTX 파주 연장

A노선 우선 추진… 그러나 일산 킨텍스까지만

대광법 시행령이 개정돼 GTX 파주 연장의 족쇄는 풀렸다. 그러나 시행되기 한 달 전인 2014년 2월 28일에 국토부는 수도권광역급행철도 추진계획을 발표했다. 이 계획에는 전체 3개 노선 중에서 A노선 일산 킨텍스~삼성 구간만 추진하는 것으로 결정되었다. 2011년에 시작해 2014년에 종료된 기획재정부 예비타당성조사가 일산까지만 실시됐기 때문이었다.

　A노선에 대한 기재부 예타 결과는 경제적 타당성(B/C)이 1.33이었다. B노선(송도~청량리)은 0.33, C노선(의정부~금정)은 0.66이었다. 정부는 사업타당성이 검증된 A노선을 우선적으로 추진하겠다고 발표한 것이다. 기재부는 "분석된 대안 가운데 A노선 개별 건설(단독 개통)만이 현재의 분석 조건하에서 타당성이 확보되는 것으로 나타났다"고 제언했다.

각 언론들은 이 소식을 일제히 보도했다. 2007년부터 시작된 GTX 논의가 7년여 만에 결정된 만큼 지대한 관심사가 아닐 수 없었기 때문이다.

이 발표는 모든 언론에 게재되어 경기 도민들의 환영을 받았으나 A노선에 파주 연장이 빠진 것은 파주 시민들에게 큰 낙담이 되었다.

차량기지를 파주에 건설해달라

그러나 나는 크게 실망하거나 낙담하지 않았다. GTX가 이제 시작된 만큼 정당한 요청은 반드시 실현될 것이라 믿었기 때문이었다. 또한 국토부는 A노선(일산~삼성)의 사업성을 가장 높은 것으로 평가했는데 일산에서 1구간만 더 연장하면 사업성은 그만큼 더 늘어날 것이 분명했다.

국토부 발표가 있던 2월 28일 오후, 국회에서 서승환 국토부 장관을 직접 만나 공문을 전달했다. A노선 기본계획 수립에서 차량기지를 파주에 건설하는 것으로 해달라는 것이었다. 서 장관은 내 요청 사항이 실현될 수 있도록 적극적으로 노력하겠다고 답변하였다.

A노선의 차량기지는 고양시에서도 킨텍스가 아닌 파주에 건설되기를 바라고 있었다. 이를 위해서는 시·종점역이 킨텍스가 아닌 운정이어야 했다. 2015년 10월 22일에 고양시는 경기도지사 앞으로 공문을 보내 차량기지를 파주에 건설해 줄 것을 정식으로 요청했다.

고양시에서 경기도로 보낸 공문의 일부

수도권광역급행철도(일산~삼성)
기본계획 노선(안)에 대한 협의 회신

[차량기지 관련]
파주시에서는 차량기지 수용 의사를 밝힌 바 파주 연장을 고려한다면 차량
기지는 파주시에 설치 검토 요망.

고양시 입장에서는 대규모 주거단지와 고층 건물들이 이미 들어
선 킨텍스 인근에 차량기지를 건설한다는 국토부 방침을 그대로 수
용하기가 쉽지 않은 상황이었다. 그러나 파주에 차량기지를 건설하
는 것은 A노선이 운정까지 연장된다는 결정하에서만 가능한 일이
었다.

7 | GTX 파주 연장의 관문
― 기본계획과 민자적격성조사

기재부의 "예비타당성조사가 있어야 한다"는 입장

그렇다면 GTX 파주 연장과 같은 대형 국가철도사업은 어떻게 진행될 수 있을까? 경로는 크게 두 가지가 있다. 첫째 경로는 〈철도건설법〉에 의해 추진되는 '기본계획'에 포함시키는 것이고, 둘째 경로는 〈민자투자법〉에 의해 추진되는 '민간투자사업 타당성분석'에 포함시키는 것이다. 두 경로 모두 중요하고, 어느 한 경로에서만 성공해도 GTX 파주 연장은 성사된다. 그런데 국토부는 두 번째 경로를 먼저 시작했다.

2014년 6월 국토부가 태조엔지니어링에 용역을 준 GTX 기본계획은 당초 완료 기간을 넘겨 2015년 11월까지 진행 중이었다. 그런데 여기에는 파주 연장이 빠져 있어 나는 여러 차례 그 변경을 요청했다. 2015년 10월 27일에도 국토부에 공문을 보내 '파주 연장, 파주 차량기지'를 기본계획에 반영할 것을 요청했다. 특히 고양시가 10월

23일 경기도에 공문을 발송하여 '고양 차량기지 반대, 차량기지 파주 건설'을 요청한 만큼 이것을 기본계획에 적극 포함시켜 줄 것을 요청했다.

고양시 입장에서는 '지역 단절·소음·진동 등 주민 집단민원 사전 예방'의 효과가 있었고, 파주시 입장에서는 GTX를 운정신도시까지 끌어올 수 있어 모두에게 이익이었다. 언론에서도 이 사안을 비중 있게 다루어 파주 연장의 여론을 뒷받침해주었다.

그런데 〈철도건설법〉에 따른 수도권광역급행철도 기본계획은 국가재정으로 추진하는 사업인 만큼 예산을 담당하는 기재부 의견이 절대적이다. 그런 기재부가 파주 연장은 '시·종점의 변경'이기 때문에 사업의 중대한 변경이고 따라서 추가적인 예비타당성조사(예타)가 있어야 한다는 입장을 바꾸지 않았다.

주무부서인 국토부는 나를 비롯한 파주 시민들의 열망을 잘 알고 있었기에 어떻게든 A노선을 파주까지 연장할 방안을 찾고 있었다.

민간투자사업 타당성분석을 통과해야

그즈음 내놓은 또 다른 방안이 둘째 경로인 민간투자사업 타당성분석이었다. 민간자본에 의한 사회간접자본(SOC) 투자는 〈사회기반시설에 대한 민간투자법〉이라는 또 다른 법의 규정을 받는다. 이 법에 의하면 SOC를 민간투자로 추진하려는 주무 관청은 대상 사업을 지정한 후 타당성분석(민자적격성조사)을 실시하도록 규정하고 있다. 따라서 GTX 파주 연장이 민간투자로 실현되려면 민간투자사업 타당성분석에 들어가야 한다.

결국 국토부는 2015년 11월 17일 오전, 두 가지 안을 기재부 산하 KDI 공공투자관리센터(PIMAC)에 제출했다. 원안인 '삼성~킨텍스'를 제1안으로, 수정안인 '삼성~파주'를 제2안으로 하여 GTX '민간투자사업 타당성분석(민자적격성조사)'을 기재부에 의뢰한 것이다.

나는 그 전날인 11월 16일 새벽 세종시를 방문해 강호인 국토부 장관과 담당 국과장을 만나 이 소식을 듣고 향후 추진 방안을 협의하였다. 그 자리에서 제1안과 제2안이 대등한 관계이며, '원안'과 '수정 대안'으로 해석할 수 있다는 설명을 들었다. 그날 국토부 장관에게 "파주를 살려달라", "GTX 파주 연장을 꼭 실현시켜 달라"고 읍소했고, 강호인 장관은 "도와드릴 일이 있는지 열심히 찾아보겠다"고 답변하였다.

2장

예타 통과와
파주 출발 확정

1 │ GTX·지하철 3호선 파주 연장, 〈제3차 국가철도망구축계획〉에 포함

파주 시민 11만 명의 염원이 담긴 서명부 전달

나는 2014년 12월 26일 국회에서 '수도권 서북부 철도망 구축 왜 필요한가? — 지하철 3호선 파주 연장을 중심으로'라는 토론회를 열고 지하철 3호선 파주 연장에 대한 〈제3차 국가철도망구축계획〉 반영을 공론화했다.

2015년 4월 9일에는 청와대를 방문해 국토교통비서관을 만나 박근혜 대통령 앞으로 '수도권광역급행철도 A노선의 파주 연장 건의' 공문을 전달했다. 5월 14일에는 유일호 신임 국토부 장관을 만나 GTX 파주 연장의 당위성과 실현 방안에 대해 논의했다.

유일호 장관은 경제학을 전공한 경제통으로 2008년에 제18대 국회의원에 당선돼 의정활동을 시작했다. 나보다 1기 선임인 셈이다. 2013년에 국회부의장이었던 박병석 의원이 중유럽 공식방문길에 올랐다. 그 방문단에 당시 새누리당 의원이었던 유일호 의원과 민주당 초선의원인 내가 참여하게 되었다. 방문단은 7박 10일 동안 체코와 아제르바이잔 등을 순방하며 한국과의 경제협력 등을 비롯한 여러 현안에 대해 협의하였다.

그 기간에 나는 유 의원과 많은 이야기를 나누며 우리나라의 발전 방향에 대해 심도있는 토론을 하였다. 그때도 GTX가 가져올 변화와 효과에 대해 논의하면서 GTX 파주 연장의 당위성을 빼놓지 않고 강조했다. 유 의원은 2년 후인 2015년 3월 국토부 장관에 임명되어 GTX 파주 연장에 큰 힘을 실어주었다.

2015년 6월 3일에는 파주시민회관에서 'GTX 및 지하철 3호선 파주 연장 시민추진단 발대식'이 열렸다. 파주 시민 300여 명이 참석한 발대식에서 나는 "시민추진단과 함께 힘을 합쳐 반드시 GTX와 지하철 3호선 파주 연장을 해내겠다"고 다짐했다. 그리고 무더위가 한창이던 8월 6일, 시민추진단은 나와 함께 국토부 서울사무소였던 서초구 한강홍수통제소를 찾아 여형구 국토부 제2차관에게 파주 시민 11만 명의 염원이 담긴 서명부를 전달하였다.

이러한 노력들의 결과, GTX와 지하철 3호선 파주 연장이 〈제3차 국가철도망구축계획〉에 포함돼 검토되고 있다는 것을 다양한 통로로 확인할 수 있었다. 여세를 몰아 12월 16일 최정호 국토부 제2차관을 만나 또 한 차례 공문을 전달하면서, 두 건 모두 계획에 포함돼 검토되고 있는 만큼 최종 단계에서 확실하게 포함될 수 있도록 노력해 달라고 당부했다.

최 차관은 처음에 파주 연장에 대해 '추후 실시'를 내세웠다. GTX-A노선은 우선 킨텍스까지 연결하고 파주 연장은 다음에 하자고 주장한 것이다. 국토부는 GTX라는 새로운 철도를 빨리 진행하고 싶어 했다. 나는 이를 설득하기 위해 많은 공력을 들였다. 매일 새벽기도를 마치고 하루를 시작할 때 최 차관에게 핸드폰 문자를 보냈다.

'GTX에 파주도 포함시켜야 합니다. 파주도 함께 가야 합니다.'

이러한 공력이 하늘에 닿아 12월 16일 만났을 때 최 차관은 GTX와 지하철 3호선 파주 연장이 〈제3차 국가철도망구축계획〉에 포함되도록 하겠다고 답변했다.

GTX 항목에 처음으로 '일산(파주)∼삼성'으로 명기

2015년 12월 28일 국회에서 만난 강호인 국토부 장관은 GTX와 지하철 3호선이 〈제3차 국가철도망구축계획(2016∼2025)〉에 포함될 것이라고 설명했고, 한 지역에 철도사업을 두 개 반영하는 경우는 이례적이라며 웃었다. 구체적인 추진 상황에 대해서도 담당 국장과 과장을 통해 확인하였다.

강호인 장관은 기재부 출신으로 조달청 청장을 거쳐 국토부 장관에 임명된 전문 관료였다. 연세대 경영학과 77학번으로 나보다 1년 후배였다. 강 장관이 기재부에 재직하고 있을 때 나는 청와대에서 노무현 대통령의 비서관으로 일하고 있었다. 그때 우리는 업무 협의차 수시로 만나 여러 현안에 대해 의논하면서 매우 친숙한 사이가 되었다. 그가 장관이 되면서 GTX 파주 연장도 더 가시화되었다.

〈제3차 국가철도망구축계획〉은 2016년 2월 4일, 대전 철도트윈타워에서 열린 공청회에서 발표되었고, 6월 17일 철도산업위원회 심의를 거쳐 확정되었다. 확정된 안 중에서 〈3. 대도시권 교통난 해소 사업〉의 GTX 항목에 '일산(파주)~삼성'으로 명기되었다.

〈제3차 국가철도망구축계획〉 철도산업위원회 확정안

3. 대도시권 교통난 해소 사업

　• 기 시행사업
　수도권광역급행철도 일산(파주)~삼성 등 13개 사업

　• 신규사업(총 9개 사업)
　수도권광역급행철도: 송도~청량리, 의정부~금정
　신분당선: 호매실~봉담, 신분당선 서북부 연장 동빙고~삼송
　원종홍대선: 원종~홍대입구, 위례과천선 복정~경마공원
　도봉산포천선: 도봉산~포천, 일산선 연장 대화~운정
　충청권 광역철도(2단계): (논산~계룡, 신탄진~조치원)

　이 내용에 따르면 킨텍스~삼성으로 추진할 경우 36.4km이고, 파주~삼성으로 추진할 경우 43.1km로 6.7km가 연장되는 것이었다.

기존 사업시행 반영 현황

	노선명	사업구간	사업내용	연장(km)	총 사업비(억원)
소계(27개 사업)				1,900	609,420
③ 대도시권 교통난 해소사업					
광역	수도권 광역급행철도	삼성~동탄	복선전철	39.5	15,547
		킨텍스~삼성 (파주~삼성)	복선전철	36.4 (43.1)	29,072 (33,983)

다만 파주~삼성 구간은 '민자추진을 위한 타당성분석 결과(2015. 11)'에 따라 추진한다는 단서가 붙어 있었다.

2 | 남은 단계는
민자적격성조사 통과

'별도의 신규 예비타당성조사'를 실시해야 한다!

기재부는 2015년 11월 17일 GTX-A노선에 대한 민자적격성조사가 접수됨에 따라 산하기관인 공공투자관리센터(PIMAC)를 통해 심사에 착수하였다. 2016년에 들어서며 PIMAC과 기재부는 파주 현장에 실사를 나왔고, 그 사이 〈제3차 국가철도망구축계획〉도 기대하던 결과가 나왔다. 다만, 이 계획에 GTX 파주 연장은 민자적격성조사 결과에 따른다는 부대조건이 달렸다.

그즈음 나는 2016년 4월 13일 실시된 제20대 총선에서 다시 한번 파주 시민의 선택을 받아 재선 국회의원으로 당선되었다. 총선에서 '파주 시민과 함께 꿈꾸는 파주 철도의 내일'이라는 슬로건을 내걸고 GTX와 지하철 3호선 파주 연장의 실현을 약속했다.

선거 개표는 4월 14일 새벽까지 계속되었는데, 나는 새벽 2시경 당선이 확정되어 파주 시민회관에서 당선증을 받았다. 그 자리에 모여 있던 지지자분들에게 감사 인사를 하고 아침에 잠시 시민들에게 당선 인사를 한 후 곧바로 세종시로 달려갔다. 사람들은 "그동안 선거운동하느라 고생 많았는데 오늘은 주민들을 만나면서 하루 쉬는 것이 좋지 않겠느냐"고 만류했다. 그러나 나는 그럴 여유가 없었다. 공약을 실현하기 위해서였다.

선거 때문에 전화도 못하고 가보지도 못해 조바심이 바싹 난 것도 또 다른 이유였다. GTX 파주 연장 민자조사는 순조롭게 진행되고 있는지, 제3차 계획의 정부 고시 진행은 순조로운지, 그밖에 파주 현안들은 잘 진행되고 있는지 확인해야 했다. 국토부와 기재부 담당 부서를 찾아 과장과 사무관 등 실무진을 만났다. 과장은 나를 보고 깜짝 놀랐다.

"TV를 통해 당선되었다는 것을 알고 있었는데… 당선증을 받자마자 세종시로 과장 만나러 온 국회의원은 처음입니다."

다행스럽게도 과장이 들려준 답변은 "별다른 문제없이 잘 진행되고 있다"는 것이었다.

그리고 나는 제20대 국회에서 또 한 번 국토교통위원회 위원으로 선임되었다. 모든 것이 순조롭게 진행되는가 싶었는데, 그해 여름 사건이 터졌다. 기재부가 2016년 7월 25일 GTX 파주 연장에 대해 '별도의 신규 예비타당성조사'를 실시하기로 내부 방침을 세운 것이다.

기획재정부, 2016년 6월 GTX 파주 연장 예타 검토 지시

기재부가 GTX 파주 연장에 대해 예비타당성조사(예타)를 해야 한다고 밝힌 것은 사실은 꽤 오래된 일이다. 2년 전인 2014년부터 GTX 파주 연장은 '시·종점의 변경'인 만큼 별도의 예타가 필요하다고 지적해왔다.

나는 국회 국토교통위원으로 배정된 다음 날인 2016년 6월 14일 새벽, 세종시로 내려가 기재부와 국토부 담당자들을 만나 상황을 점검했다. 점검 결과, 그 무렵 기재부 담당 차관이 GTX 파주 연장은 예타 없이 민자조사를 하는데, 그것이 타당한지 여부를 검투하라고 지시했다는 것이었다.

GTX-A노선에 대한 예타는 일산~삼성 구간에 대해서만 이뤄졌고, 파주 연장 구간에 대한 예타가 실시되지 않은 것은 사실이다. 기재부 차관은 이 점을 지적한 것이다. 담당 차관은 철도 연장은 지금까지 예타를 실시하지 않은 선례가 없다면서 파주 연장만 예외를 인정할 수 없다는 입장이었다.

기재부 방침을 확인한 나는 이후 두 달 넘게 청와대와 기재부, 국토부를 설득했다. 나는 기본적으로 GTX 파주 연장 예타 미비는 입법 미비에 기인했다고 설득했다. 파주 연장에 대해 예타를 실시하지 못한 것은 당시 대광법 시행령의 규정에 의한 입법 미비로 파주 시민들이 불이익을 본 사안이라고 기재부와 청와대를 설득했다.

청와대·기재부·국토부에 읍소하고 또 읍소

나는 GTX 파주 연장에 대한 별도의 예비타당성조사가 불합리한 6가지 이유를 정리하여 청와대와 기재부에 제출했다.

---

(1) 일산~삼성 구간은 현재 운행되고 있는 노선이 아니며, 설계에 착수하지도 않은 계획 중인 노선인 만큼 별도 구간 예타는 불합리하다.
(2) 파주에서 승차하는 승객의 대부분이 서울로 가는데, 파주~일산 간 별도 구간 예타는 실제와는 다른, 즉 파주에서 승차하여 일산에서 내리고 다시 일산에서 승차하여 서울로 간다는, 가공의 예타가 되어 잘못된 결과를 도출하게 된다.
(3) 파주 연장 추가사업비는 총사업비 20% 미만으로 타당성 재조사 대상에도 해당되지 않는다.
(4) 〈제3차 국가철도망구축계획〉을 관보에 게재하면서 GTX 파주 연장은 민자적격성조사 결과에 따라 추진한다고 명시했다.
(5) 역사 반경 2km 이내에 27만 명이 거주하게 되는데, 서울로 출퇴근하는 이들에게 빠른 철도 교통수단은 가장 소중한 생존 수단이다.
(6) 고양시 차량기지 건설을 고양 시민들이 반대하는데, 파주 연장만이 차량기지 문제를 해결할 수 있는 유일한 길이다.

이와 같은 논리로 2016년 6월부터 7월까지 지속적으로 청와대와 기재부, 국토부 설득에 나섰다. 다음은 당시 긴박하게 돌아갔던 상황 일지다.

- 6. 21.(화) 국회에서 기재부 담당 차관 면담, 설득
- 6. 21.(화) 청와대 방문, 대통령 경제수석과 정책조정수석 면담, 설득
- 6. 23.(목) 보좌관을 세종시로 보내 기재부 담당 과장 설득
- 6. 23.(목) 여의도에서 대통령 정무수석 면담, 설득

- 6. 27(월) 다시 보좌관을 세종시로 보내 기재부 담당 과장 설득
- 6. 28(화) 국회에서 김현미 예결위원장과 기재부 담당 차관보 면담, 설득
- 6. 30(목) 세종시 내려가 기재부 담당 과장 및 실무자 설득
- 7. 14(목) 국회에서 경제부총리 및 담당 차관 면담, 설득
- 7. 18(월) 다시 세종시 내려가 기재부 담당 차관보, 과장 면담, 설득
- 7. 25(월) 기재부 담당 차관, 차관보 등 예타 실시 내부 방침 결정
- 7. 26(화) 기재부 내부 방침 정한 사실 의원실로 알려옴
- 7. 27(수) 기재부 담당 차관과 차관보에게 항의 및 입장 변경 요청
- 7. 28(목) 보좌관을 보내 기재부 담당 과장에게 항의 및 입장 변경 요청
- 8. 5(금) 김현미 예결위원장과 공조 협의 및 기재부 담당 차관보 설득

안타까운 기재부의 결정,
그러나 계속된 GTX 파주 연장 노력

이처럼 심혈을 기울였음에도 기재부는 7월 25일 GTX 파주 연장에 대해 '별도의 신규 예타'를 실시하기로 내부 방침을 결정하고 말았다. 그리고 그 사실을 26일 내게 알려왔다. 이에 나는 바로 기재부 담당 차관과 차관보에게 항의했고, 보좌관은 담당 과장에게 항의했으며, 파주시청과 이 문제에 대해 협의했다.

　나의 항의를 받은 기재부 담당 차관과 차관보는 예타 실시는 절차를 보완하는 의미일 뿐 결코 파주 시민들에게 불이익을 주려는 것은 아니라고 말했다. 담당 차관보는 "파주 연장 예타는 기존 구간이 되어 있어서 시간 단축이 가능하므로 신규 예타와 기존 민자적격성조사를 모두 연말까지 결말을 내도록 해보겠다"라며 빠른 예타 진행을 약속했다.

이러한 부단한 노력의 결과는 곧 좋은 소식으로 다가왔다. 기재부가 2016년 12월 6일 재정사업평가자문회의를 열고, 2016년 하반기 예비타당성조사 대상에 GTX 파주 연장을 선정한 것이다. 예타 실시 기관인 한국개발연구원(KDI)은 곧바로 예타 심사에 들어갔다.

3 | 마지막 관문,
예비타당성조사 통과

예타 통과의 험난한 과정

대규모 건설 사업에 자주 등장하는 용어 중 하나가 '예비타당성조사'다. 관련 전문가가 아니라 해도 매스컴을 통해 자주 들어본 이 용어는 사업을 추진하려는 기관과 그 사업으로 인해 혜택을 받는 지역(혹은 사람들)에게 매우 중요한 과정이다. 일반적으로 줄여서 '예타'라 부른다.

예타는 〈국가재정법〉 제38조 및 동법 시행령 제13조의 규정에 따라 대규모 신규 사업에 대한 예산 편성 및 기금운용계획을 세우기 위하여 기재부 장관 주관으로 실시하는 사전적인 타당성 검증·평가이다. 쉽게 말해 정부가 어떤 사업을 하기 전에 "과연 이 사업을 하는 것이 꼭 필요한가?"를 따지는 것이다.

기재부 장관은 〈예비타당성조사 운용지침〉 제33조에 의해 대상 사업을 선정한다. 이후 한국개발연구원(KDI) 공공투자관리센터(PIMAC) 또는 한국조세재정연구원(KIPF)의 정부투자분석센터(GMAC)

에서 경제성 평가를 실시한다. 두 번의 관문을 넘어야 하는 것이다. 예컨대 국토부가 어떤 사업을 시행하기 위해 예타를 요청한다 하여도 조사 대상에 들지 못해 처음부터 탈락하는 경우도 있고, 조사 대상에 선정되어도 검토 후 시행 불가 판정을 받는 경우도 있다.

일반적으로 예타 결과 B/C≥1이면 경제성이 있음을 의미하며, 정책적 타당성과 지역균형발전 등을 고려한 종합평가를 뜻하는 AHP≥0.5이면 사업 시행이 바람직함을 뜻한다. 즉 예타를 통과하려면 경제성, 정책성, 지역균형, 기술성 등에서 적정 이상의 점수를 받아야 한다. 이는 사실상 쉽지 않은 일이다. 반면 예타를 면제받고 곧바로 추진하는 사업도 있다. 예컨대 공공청사, 초중등 교육시설의 신·증축, 문화재 복원, 국가 안보에 관계된 국방 산업, 재난 복구 지원, 식품 안전 등에 관해서는 예타가 면제된다.

세종시에서의 간곡한 호소

민자적격성조사는 〈민간투자사업 추진 일반지침〉의 제1장 총칙 제2조(정의)의 12번째 항목에 정의되어 있다.

'민자적격성조사'란 「사회기반시설에 대한 민간투자법」 시행령 제7조 제6항에 따라 민간제안 사업에 대하여 경제성 및 정책적 필요성 분석, 재정사업으로 추진할 경우와 비교한 민간투자 방식의 적정성 분석 등을 실시하는 것을 말한다.

GTX-A노선의 파주 연장 민자조사는 2015년 11월 17일부터 진행되고 있었다. 국토부가 제출한 시나리오에 의하면 "별도 예타가 진행 중인 '파주 연장'의 최종 결과가 나오면 그 결과를 토대로 민자조사를 실시한다"는 것이 기재부의 방침이었다. 따라서 무엇보다 '파주 연장'의 예타 결과가 중요해졌다.

이에 나는 파주 시청, LH공사와 함께 진행 상황을 검토했고, KDI 예타 과정에 몇 가지 수정사항이 있음을 발견해 이를 건의서로 작성했다. 그리고 2017년 2월 27일 새벽 세종시로 출발해 가장 먼저 기재부 타당성심사과장과 국토부 철도국장, 민자철도팀장을 만났다. 나는 이 자리에서 최대한 빠른 시간 내에 예타를 마치고 파주 연장 구간이 A노선 본 구간과 함께 착공될 수 있도록 해달라고 간곡히 호소하였다. 이후 유일호 경제부총리 겸 기재부 장관에게 문서를 전달하였다.

윤후덕 의원 건의 사항

① 별도구간 예타 불합리, 삼성~운정 통합구간 예타 실시돼야
별도구간 예타는 운행 노선에 추가하는 신규 노선에 대해 실시, 그러나 삼성~일산 구간은 민자적격성조사도, 설계도 마치지 않은 계획 노선임.

② 지하철 3호선(일산선) 연장 관련
향후 3호선(일산선) 파주 연장 예타 시 GTX 운정역 설치가 반영되어 분석되므로 GTX 파주 연장에 미치는 영향은 없음. '3호선(일산선) 연장'으로 인한 수요분산 반영은 '예타분석 일반지침'과 배치
☞ 예타 지침은 구체화되어 그 실현이 확실시되는 계획에 한해 반영 분석토록 규정

③ 과소추정 파주시 최대 인구 수정돼야 (47만 명→ 78만 명)

　　운정3지구 계획인구(13만 6천명), 운정1·2지구내 미입주 인구(약 5만 명) 등을 반영하면, 2030년 78만 명 거주 예상. 〈파주시 도시기본계획〉 예상 인구는 2030년 78만 1천 명

☞ 현재 파주시 인구는 44만 1,273명 : 10년간 인구증가율 4.5%(수도권 2.05%)

④ 운정신도시 인구, 계획보다 3만 증가. 당초보다 증가된 인구계획 반영돼야

☞ 〈파주시 도시기본계획〉(2030) 변경 사항 중 운정신도시 인구수 증가(3만 인) 계획 반영, 경기도에서 2017년 6~7월 승인(예상) 후 택지개발 실시 계획 변경 승인

＊ LH공사와 국토부 부동산투자정책과 협의 완료 (뉴스테이, 행복주택 등은 사업 시행중)

⑤ 고양시 탑승객, 관광인구 등 유동인구 증가 반영돼야

　　고양시 덕이동 신도시는 킨텍스역보다 운정역에 가까워 운정역 이용 예상 탄현 출판단지, 헤이리마을, 롯데 아울렛, 안보교육·관광 등 파주 관광 문화벨트 관련 유동인구 증가 수요도 계획에 반영돼야

4 │ 문재인 후보
"GTX 파주 연장 책임지겠다" 육성 공약

"서울 삼성역과 킨텍스를 잇는 GTX-A 노선, 우리 숙원 사업이죠? 이 GTX를 파주운정까지 연장하는 것, 지금 예비타당성조사 중이죠? 제가 책임감 있게 추진하겠습니다! 가급적 빨리 착공하고 연장될 수 있도록 최선을 다하겠습니다!"

2016년 겨울 대한민국은 국민들이 모여 이뤄낸 촛불 시민 혁명으로 박근혜 대통령을 탄핵시키고, 2017년 5월 9일 조기 대통령 선거를 실시하게 되었다.

제19대 대통령 선거에 15명이 후보로 등록했으나, 2명이 사퇴해 13명의 후보가 최종 경쟁을 벌이게 되었다. 그러나 사실상 기호 1번 더불어민주당 문재인 후보, 기호 2번 자유한국당 홍준표 후보, 기호 3번 국민의당 안철수 후보의 3파전이었다.

다시 한번 대권 도전에 나선 문재인 후보는 2012년 대선에 이어 2017년 대선에서도 GTX 파주 연장을 공약으로 내걸었다.

제19대 대선 문재인 후보 파주 관련 주요 선거공약

- GTX A노선(예비타당성조사 중인 파주 연장 포함)·B노선·C노선 건설 추진
- 파주와 개성·해주 연계 '통일경제특구' 조성

문재인 후보는 2017년 5월 4일 일산 라페스타 앞 미관광장에서 고양, 파주 시민 1만여 명이 운집한 가운데 집중 유세를 펼쳤다. 그날 문 후보의 유세가 더욱 신나고 힘이 났던 이유는 연설 중 'GTX 파주 연장'을 분명한 어조로 언급하며 "책임감 있게 추진하겠다"고 약속했기 때문이다.

문 후보는 "현재 GTX를 파주까지 연장하는 것을 예비타당성조사 중이죠?"라고 물으며 "가급적 빨리 착공하고 연장할 수 있도록 최선을 다하겠다"고 약속하였다. 또한 파주와 관련된 사항에 대해 여러 정책을 추진하겠다고 밝혔다.

"경의중앙선 급행열차 확대도 필요하지 않습니까? 제가 책임감 있게 추진하겠습니다! 가급적 빨리 착공하고 연장될 수 있도록 최선을 다하겠습니다! 경기 북부 접경지역의 규제 완화, 미군 공여지 국가 주도 개발도 시민을 위한 사업이 되도록 책임감 있게 추진하겠습니다. 파주, 개성, 해주를 연계한 통일경제특구, 10·4 정상선언이 만든 참여정부의 꿈이고 또 저 문재인의 꿈입니다. 파주, 경기 북부의 염원이죠?

제가 북핵 문제 반드시 해결하고 한반도 평화 만들어서 확실하게 추진하겠습니다!"

홍준표 후보 역시 GTX에 대한 공약을 내세웠다. 그러나 "인천 최대 현안인 GTX-B노선(송도~마석) 조기 착공"에 대해서만 공약했을 뿐 A노선의 파주 출발에 대한 언급은 없었다. 그럼에도 두 후보의 공약에서 보듯 GTX는 대통령 선거 공약에 들어갈 만큼 매우 중요한 국가사업임을 알 수 있었다.

문제는, 언제 확정되느냐는 것

5월 9일에 선거가 치러졌다. 5월에 대선이 치러지는 것은 역사상 처음이었다. 1987년 직접선거로 전환한 후 30년 동안 항상 12월 중순에 치러졌지만 박근혜 대통령 탄핵 사퇴로 5월에 치러지게 된 것이다. 선거운동 기간 동안의 여론조사에서 문재인 후보는 다른 12명의 후보들을 항상 앞섰으며 결과 역시 그대로 나타났다. 2위 후보를 557만여 표차로 압도하며 당선되었다.

선거 다음 날인 2017년 5월 10일에 문재인 후보는 제19대 대통령에 취임했다. 평상시라면 선거가 끝난 후 2개월 후인 다음해 2월 하순경에 취임하는 것이 정례였으나 대통령이 없는 상황에서 치러진 선거였기에 그 다음 날 곧바로 대통령에 취임한 것이다.

문재인 대통령에게 주어진 책무는 여러 가지가 있었다. 그중 후보 시절에 약속했던 'GTX-A 파주 연장'도 중요한 사항 중의 하나였다. 나를 포함한 파주 시민들은 그 공약이 지켜질 것이라 믿었다. 그러나 선거 유세에서 '가급적 빨리'라고 말했을 뿐 구체적인 시기는 언급하지 않았다. 사실 대중을 상대로 한 선거 유세에서 "어떤 일을 몇 년 몇 월 며칠까지 하겠다"고 날짜를 정확히 못 박기는 어렵다. 그럼에도 GTX-A 파주 연장은 실현되겠지만, 문제는 언제 확정되느냐는 것이었다.

5 │ 대통령 공약 GTX 파주 출발, 빠르게 진행되는 예타

예비타당성조사에 꼭 반영되어야 할 내용

대선이 끝나고 얼마 뒤인 5월 31일, 기재부와 국토부, KDI 담당자가 참석한 가운데 GTX 파주 구간 예타 중간점검회의가 열린다는 소식이 들렸다. 1월부터 예타를 진행해 온 KDI가 그동안 조사한 비용과 수요, 편익 등을 놓고 중간평가를 하고 향후 부족하거나 보완해야 할 사항을 점검하는 자리였다.

회의에 참석했던 국토부 담당자는 "중간점검회의에서 현재까지 산출된 B/C를 공개하지는 않았다"고 밝혔다. 이 담당자는 "자료를 검토한 결과 상황이 나쁘진 않지만 그렇다고 낙관할 수도 없는 상황"이라며 "비용을 더 줄이고, 편익을 더 높일 수 있는 방안을 마련해 좋은 결과가 나오도록 최선을 다하겠다"고 말했다.

중간점검회의 며칠 전 나는 기재부로부터 GTX 파주 구간 예타 회의가 5월 31일 열린다는 소식을 들었다. 이에 미리 준비해 두었던 〈GTX 파주 구간 예비타당성조사에 꼭 반영되어야 할 내용〉 자료를 챙겨 5월 29일 월요일 아침에 급히 보좌관을 세종시로 보냈다.

평상시라면 내가 직접 세종시로 내려갔을 터이지만, 국무총리 인사청문회 보고서 채택, 국정기획자문위원회 경제1분과회의 등 국회 일정이 촘촘히 예정돼 있어 도저히 시간을 내기 어려웠다. 대신 보좌관을 통해 자료를 전달하는 과정에서 나의 의견을 충분히 전했고, 국토부와 기재부는 31일 점검회의에서 이 내용을 KDI에 전달하였다.

회의에 참석한 국토부 담당자는 "앞으로 2~3개월 후면 예타 최종 결과가 나올 것 같다"고 전했다. 나는 국회 예결위 여당 간사로서, 국회 국토위 위원으로서 예타 상황을 꼼꼼히 체크하고 살피고 있었다. 아직 안심할 단계는 아니었지만 일이 제대로 진행되고 있다고 직감할 수 있었다.

6 | 파주 시민의 한마음 한뜻으로 오랜 염원 실현

GTX-A노선 파주 구간 B/C 1.11 '예타 통과'

문재인 대통령 당선 이후 GTX 파주 구간 예타는 더욱 순조롭게 진행되었다. 이런 가운데 문재인 정부 초대 국토부 장관으로 임명된 김현미 장관이 2017년 6월 30일 국회 원내대표단을 예방하였다. 김 장관은 6월 21일부터 정식으로 업무를 시작하였다.

나는 여당 예결위 간사 자격으로 그 자리에 참석해 우선 김현미 장관에게 진심으로 축하한다는 인사를 건넸다. 이어 몇 가지 현안에 대해 의견을 나누면서 파주의 시급한 사항에 대해 말했다.

"GTX 파주 연장은 파주의 최대 현안이자 문재인 대통령의 직접 공약 사항이기도 합니다. 꼭 성사될 수 있도록 도와주기를 바랍니다."

내 의견을 청취한 김현미 장관은 긍정적으로 답변해 주었다.

"관련 내용을 잘 알고 있습니다. 파주 시민의 염원대로 잘 될 것으로 기대하고 있습니다."

사실 김현미 장관은 나와 예전부터 인연이 깊었다. 대학 선후배 사이이기도 했지만, 옆 동네인 고양시의 민주당 국회의원으로서 의정활동을 함께 하고 있었다. 특히 2015년 12월에는 둘이 함께 GTX와 지하철 3호선의 〈제3차 국가철도망구축계획〉 반영을 위해 강호인 국토부 장관과 만나 성공적으로 담판을 짓기도 했다.

일주일이 지난 7월 7일, 국토부는 보도자료를 통해 파주 연장 구간이 포함된 GTX-A노선에 대해 '2018년 전 구간 착공, 2023년 개통' 계획을 발표했다. 2017년 3월 착공한 삼성~동탄 구간에 이어 파주~삼성 구간도 2018년에 착공하겠다는 국토부의 공식적인 발표였다.

이날 아침 오이도역에서 안산선 급행열차 시승 행사에 참석한 김현미 장관 역시 축사를 통해 "특히 파주~서울역~삼성~동탄을 연결하는 A노선은 지난 3월 일부 구간을 착공해 2023년 개통할 계획"이라고 말했다. 국토부 장관이 사상 최초로 직접 '파주~삼성 구간'을 분명하게 명시하여 착공 방침을 밝힌 것이다.

7월 19일 청와대에서는 문재인 대통령이 참석한 가운데 '문재인 정부 국정운영 5개년계획' 발표를 위한 '100대 국정과제 정책콘서트'가 열렸다. 나는 국정기획자문위원회 위원 자격으로 이 자리에 참석했다.

이날 발표된 '문재인 정부 국정운영 5개년계획'에는 GTX-A 노선(파주 연장 포함) 건설이 명백히 포함돼 있었다. '100대 국정과제'는 문재인 대통령의 대선 공약이 총망라된 것으로 향후 5년간 문재인 정부의 밑그림이다. 여기에 문재인 대통령이 후보 시절 약속한 파주 관련 공약들이 포함된 것이다.

그리고 마침내 9월 26일 기재부에서 열린 GTX 파주 연장 B/C 분석 2차 점검회의에서 공식적인 발표는 아니지만 파주 연장 구간의 B/C가 1.0을 넘긴 것으로 전해졌다. 사실상 예타가 통과되는 순간이었다.

기재부는 11월 8일 오전, 예타 결과를 내게 공식적으로 통보해주었다. 결과는 GTX 파주 구간의 B/C는 1.11, AHP는 0.55였다. 이렇게 예타는 완벽하게 통과되었다. 기재부의 예타 통과 소식 이후 GTX 파주 연장 확정을 위해 수년 동안 함께 노력해왔던 운정신도시 주민들의 기쁨도 하늘을 찔렀다.

운정연은 11월 12일, GTX 파주 출발 확정을 축하하는 제1회 운정호수공원 불꽃축제를 열었다. 수만 명의 파주 시민이 함께 모여 기쁨을 나누며 축제는 성황을 이뤘다.

45만 파주 시민의 오랜 염원 실현

2017년 12월 19일, GTX-A 파주 연장이 최종적으로 확정되었다. 기재부 민간투자심의위원회에서 GTX-A 파주~킨텍스~삼성 구간 민자적격성 심사가 최종 통과되었다고 발표했다. 이로써 45만 파주 시민의 오랜 염원이었던 GTX 파주 출발이 최종 확정되었다. 나는 의정보고를 통해 이 사실을 파주 시민들에게 알렸다.

윤후덕 국회의원(파주갑) 의정보고

★GTX-A노선 파주~삼성 구간 최종 확정!★
– 방금 전 기재부 민간투자심의위 심사 통과
– 국토부, 내년 예산 200억 확보… 곧 민자사업기본계획 고시
– 2018년 상반기 우선협상대상자 선정하고 12월 착공 '목표'

방금 국토부로부터 연락을 받았습니다. 오늘(19일) 기재부 민간투자심의위원회에서 GTX-A 파주~킨텍스~삼성 구간 민자적격성 심사가 최종 통과되었습니다. 이로써 45만 파주 시민의 오랜 염원이었던 GTX 파주 출발이 최종 확정되었습니다. 파주 시민에게 약속한 문재인 대통령의 공약이 마침내 결실을 맺었습니다. 지난 수년간 헌신적으로 애써주신 파주 시민 여러분 덕분입니다. 진심으로 감사드립니다. 실제로 착공하는 그날까지 또 열심히 뛰겠습니다.

— 파주 갑 국회의원 윤후덕 드림

내가 국회의원으로서 파주 시민에게 약속한 GTX-A 파주 출발 공약이 마침내 결실을 맺는 순간이었다. 이날 기재부 민투심에서 파주 출발이 확정됨에 따라 국토부는 12월 말 민자시설사업기본계획(RFP)을 고시했고, 2018년 3월 말까지 민간사업자 공모를 실시하였다. 그 결과 2018년 4월 신한은행 컨소시엄을 우선협상대상자로 선정하였다.

신한은행 컨소시엄이 대상자로 선정된 이유는 금융회사 중심의 컨소시엄이 비용 절감 측면에서 건설회사 중심 컨소시엄보다 높은 평가를 받았기 때문인 것으로 분석된다. 국토부가 4월 26일 발표한 자료에 따르면 신한은행을 중심으로 칸서스자산운용과 도화엔지니어링, 신우이엔지 등이 출자자로 참여했다. 대림산업, 대우건설, SK

건설, 한진중공업 등이 시공을 맡는다. 운영은 서울 지하철을 운영하는 서울교통공사와 수서발 고속철도를 운영하는 SR이 맡기로 결정되었다.

시민과 언론의 뜨거운 반응

2017년 12월 19일, GTX-A 파주 연장이 최종적으로 확정되었다. 10여 년에 걸친 길고 긴 노정이 마무리된 것이다.

예타 통과 소식을 듣는 순간 나는 45만 파주 시민들이 떠올랐다. 철도도 있고, 도로도 있지만 이동이 불편했던 파주 시민들이 서울을 포함해 경기도 여러 곳을 편리하고 빠르게 갈 수 있다는 사실이 너무 기뻤다. 그동안 함께 고생해왔던 파주 시민들이 받는 값진 선물이었다.

국토부 발표가 있던 날, 각 언론들도 이 소식을 일제히 전하면서 GTX에 힘입어 파주, 특히 운정의 가치가 많이 상승할 것이라고 분석했다.

운정과 파주의 브랜드 가치가 상승될 것

GTX-A노선이 운정까지 연장되었다는 소식이 전해지자 파주 시민들은 모두 한마음으로 기뻐했다. 2007년에 시작되어 무려 10년에 걸친 노력 끝에 이루어낸 값진 성과 앞에서 기뻐하지 않을 주민이 없었다. 길고 긴 여정에 동참하여 한뜻으로 밀고 나간 덕분에 파주

1부 GTX 교통 혁명의 시작, GTX 파주 출발

시민 모두가 큰 결실을 맺은 것이다.

그날 나에게 전해진 무수히 많은 메시지들은 파주 시민들이 얼마나 감격해하고 행복해했는지를 알 수 있게 해준다.

- ○○○○ 해솔4단지 : 정말 그동안 고생들 많이 하셨습니다~ 기다리고 인내한 지나간 세월이 꽤 되네요. 감회가 새롭습니다.
- △△△ 가람3 : 뭔가 감동을 넘어 그동안 운정 주민들이 가져야 했던 소외감을 생각하니 숙연하기까지….
- □□ 산내 10단지 : 대박 사건~ 수고 많으셨어요.
- ◇◇◇ 해솔4 : 정말 기쁜 소식입니다. 회장님과 운영진, 윤 의원님 모두 수고하셨습니다. 이제 관보 고시될 때 '파주~삼성'이 아닌 '운정~삼성'으로 표기되어 운정 브랜드 가치가 제고되었으면 좋겠습니다.
- ☆☆ 해솔 5단지 : 관련된 모든 분들 노고 많으셨습니다. 다음 coming soon이 기다려집니다.
- ♡♡♡ 해솔 1단지 : 보실지는 모르지만… 윤 의원님 보내신 문자에 처음으로 답신 보냈네요. 윤 의원님 고생 많으셨습니다. GTX 착공까지 더욱 노력해 주시고 이제는 3호선 연장에도 힘써 주십시오. 파이팅!

GTX-A 파주 연장은 45만 파주 시민이 단합하여 얻어낸 소중한 보물이다. 나는 입법부 의원으로서 법을 고치고, 관련자들을 만나 설득하고, 연장의 당위성을 강조하는 역할을 해왔다. 그 바탕에는 파주 시민들의 간절한 염원과 후원 그리고 인내가 있기에 가능했다. GTX가 파주에서 출발함으로써 '◇◇◇ 해솔4'님의 바람처럼 운정 브랜드 가치가 올라갈 것이며 파주시 전체가 도약의 발판이 될 것이다.

3장

성큼 다가온 GTX-A
"서울역 18분, 삼성역 23분 시대"

1 │ 성황리에 열린
GTX-A 착공식

지지와 응원을 보내주신 파주 시민께 감사

오랜 시간 고대했던 GTX-A 노선 '파주 운정~강남 삼성' 구간 착공식이 마침내 2018년 12월 27일 오후 1시 고양 킨텍스에서 열렸다. 6백여 명이 참석한 착공식은 성황리에 열려 시민들의 관심이 얼마나 큰지를 여실히 보여주었다. 그날 각 신문은 착공식에 대해 일제히 보도하면서 GTX가 가져올 효과에 대해 긍정적으로 논평했다.

이재명 경기도 도지사도 축사를 통해 "이제 경기 동남부와 서북부를 연결하는 GTX-A노선이 착공되고, B노선과 C노선까지 현실화하면 수도권이 대한민국 균형발전의 선도 모델이 될 것"이라고 전망했다.

이날 착공식은 여러 의미가 있겠지만, 무엇보다 지난 수년 동안 헌신적으로 애써주신 파주 시민들의 노력이 마침내 결실을 맺었다는 점이 가장 큰 의미였다. 한마디로 파주 시민의 승리이자 쾌거였다. 나는 이 날이 있기까지 흔들림 없는 지지와 응원을 보내주신 파주 시민 여러분께 진심으로 감사하다고 말씀드렸다.

"파주가 더 발전하기 위해서는 무엇보다 교통 인프라, 그중에서도 철도 인프라 확충이 가장 중요합니다. 시민 여러분과 함께 노력하겠습니다. 빠른 교통수단과 연계교통망은 우리에게 '여유 있는 아침, 함께하는 저녁'을 누릴 수 있게 해줄 것입니다. GTX, 지하철 3호선 파주 연장을 반드시 성공적으로 완수하겠습니다."

착공식 이후 2019년 2월 10일, 운정연으로부터 감사패를 받았다. GTX-A노선 파주 연장 구간을 성사시키고 착공식이 개최된 데 대한 공로를 인정받은 것이다. 동시에 지하철 3호선 파주 연장도 GTX를 확정시킨 것처럼 최선을 다해달라는 의미였다. 나 역시 운정연에 그동안 함께 노력해주신 노고에 감사드리고, 향후 GTX-A노선 완성 및 지하철 3호선 파주 연장 등 시민들께서 안심하고 편리하게 이용할 수 있는 교통 환경이 조성되도록 계속 노력하겠다고 답했다.

여러 고난을 거쳐 GTX가 파주까지 연장되고 착공식을 성황리에 마쳤지만 일이 다 끝난 것은 아니었다. 어쩌면 더 중요한 일은 이제부터 시작되고 있었다. 나는 안도와 기쁨을 누릴 틈도 없이 더 중요한 해결 과제를 풀어가야 했다. 그것은 '안전'이라는 문제였다.

착공식 후 주요 일정

2019년
1.11 교하 입주자대표회의 회장 협의회 간담회
1.22 교하 동문8단지 주민 간담회
1.25 SG레일, GTX 주민 사업 설명회

2.28 SG레일, 주민 간담회 개최

3.26 SG레일, 주민 주장에 대한 답변 및 설명 자료 제출

3.30 SG레일, GTX-A 차량기지노선 제3차 주민간담회

4.5 SG레일, GTX운정역사 건립 주민설명회

4.9 파주시, GTX운정역 환승센터 용역 착수보고회

5.9 GTX-A차량기지 안전노선 확보 위한 지역대책위 회의

5.23 국토부 1차 변경 고시

6.7 교하 노인정 간담회

6.30 SG레일, 착수계 제출

7.1 GTX-A 시공사(대우), 실착공

9.3 대우건설, GTX-A 차량기지 주민설명회 개최

10월 난방공사, GTX-A 차량기지 노선 안정성 검증용역 발주

2020년

1.21 GTX운정역사 건설 현장 점검

3.26 교하 동문8단지 비대위와 정책협약 체결

5.10 교하 동문8단지 비대위 간담회(정책협약 점검)

2022년

1.26 더불어민주당 대선캠프, GTX 차량기지 승하차 기능 마련
공약 공표

5.4 GTX-A 운정역 공사 현장 방문

12.19 GTX-A 제1호 전동차 출고

12월말 GTX-A 제2공구 터널 굴착공사 완료

2023년

1월말 GTX-A 제1공구 터널 굴착공사 완료

4.6 GTX-A 공사 현장 방문

2 | 기쁨 속에서도
절대 잊지 말아야 할 '안전'

"이제부터는 안전이 최우선이다"

기쁨 속에서도 절대 간과하지 말아야 할 것이 있었으니 그것은 바로 '안전' 문제였다. 비록 땅속 40~50m 아래에서 철로가 지나가기는 해도 그 위에서 살아가는 거주자들의 안전을 최대한 보장하는 것이 가장 중요했다.

국토부는 건설 초기부터 안전에 대해 총력을 기울이고 있었지만 시민들은 더욱 확실한 대책을 요구했다. 추진하는 사람들에게 안전 보장을 요구하는 것은 국민의 권리였고, 추진하는 주체는 안전하게 일을 진행하면서 안심시켜야 할 책임이 있었다.

GTX-A 착공식은 많은 사람들의 축하와 기쁨 속에 성대하게 치러졌다. 그러나 이 기쁨은 안전과는 별개 사안이었다. GTX-A 차량기지는 운정3지구를 지나 탄현면 연다산동 일대에 건설되기로 확정되어 있었다. GTX 전동차는 지하를 달리다가 시·종점역인 운정역에 정차한 후 지상으로 올라와 북쪽의 차량기지로 들어간다. 그 노선의 일부가 동문8단지 끝머리를 지나게 된다. 또 인근에 열병합발전소가 자리하고 있었다. 국토부로서는 여러 사항을 신중하게 고려하여 결정한 것이지만 8단지 주민들은 안전에 대해 우려하지 않을 수 없는 상황이었다.

이를 잘 알고 있던 나는 착공식이 끝난 직후 현장에 있던 국토부 장관에게 직접 공문을 전달했다. 착공식 전날 주민들에게서 받은 탄원서 내용이 담긴 공문이었다.

파주시 교하 동문8단지 주민 탄원 내용

① 아파트 지반 침하로 아파트에 문제가 발생할 수 있다.
② 건물 균열이 발생할 수 있다.
③ 공사기간(터널시공 및 발파) 및 열차 운행 시 소음 및 진동이 발생할 수 있다.
④ 열병합발전소 인접 지역으로 대형사고 위험을 초래할 수 있다.

지하에서 차량기지로 이어지며 지상을 향해 올라가는 노선, 이른바 '입출고선'이 동문8단지 아파트 부지 일부를 물고 들어가는 것이 핵심 문제였다. 또 입출고선 구간에는 스포츠센터와 열병합발전소 일부도 포함되어 있어 주민들의 불안감이 적지 않았다. 이 문제에 대해 국토부가 책임있는 해결책을 내줄 것을 요청했다.

비상대책위를 꾸린 주민들은 국토부와 시행사가 참석하는 주민설명회를 요구했고, 이에 시행사인 에스지레일㈜ 주관으로 2019년 1월 25일 경기인력개발원 대강당에서 1차 주민설명회를 열었다.

이날 설명회에서는 시행사와 국토부가 GTX-A 파주 구간에 대한 전반적인 추진 현황과 차량기지가 들어설 자리, 설계 기준 등에 대해 직접 설명하였다. 또 그에 대해 주민들의 의견도 들었다. 나는 설명회장에서 이렇게 말했다.

"우리는 GTX-A의 파주 연장 그리고 본노선과 연장노선의 동시 착공을 위해 노력했고 그 결실을 보게 됐습니다. 그리고 제가 분명히 말씀드립니다. 지금 이 순간부터는 공사 중에 그리고 운행 중에 파주 시민이 안전해야 되고 생명과 재산이 보호되어야 한다는 말씀을 분명히 드립니다. 그리고 이 안전을 위해서 해당 주민뿐 아니라 파주 시민 전체가 함께 노력해주시길 당부드립니다. 분명히 말씀드립니다. 이제부터는 '안전이 최우선'입니다."

제2차 설명회는 2019년 2월 28일 청석초 대강당에서 열렸다. 설명회에서 파주시장은 다음 토론회에 주민이 추천하는 전문가들을 섭외하여 안전 문제에 대한 토론을 제안했다. 나도 주민 안전과 편의를 최우선으로 하는 GTX-A가 될 수 있도록 지속적인 소통의 장을 마련하겠다고 약속하였다.

주민들의 요구에 따른 설계도면 원본 공개

1, 2차 설명회에서 주민들은 환경영향평가와 실시설계에서의 안전에 대해 몇 가지 의문을 제기하였다. 주민들의 질문에 대해 시행사는 답변 자료를 마련해 2019년 3월 26일 파주시를 통해 주민대표에게 전달했고, 이 내용을 토대로 2019년 3월 30일 제3차 주민간담회

가 열렸다. 그 자리에서 시행사는 구체적인 자료를 제시하며 주민들의 우려와 질문에 답했지만 주민들은 이를 신뢰하지 못했다.

나는 이 자리에서 먼저 국토부와 시행사에게 가능한 모든 자료를 투명하게 공개할 것을 강력히 요청했다. 또 주민과 주민 추천 전문가, 파주시청, 국토부, 시행사 및 선출직 공무원이 모두 참여하는 제3자 안전검증을 제안했다.

가장 먼저 원본 도면을 주민과 주민 추천 전문가에게 있는 그대로 공개할 것을 국토부와 시행사에 요청했다. 사실 이는 그동안 공사 관례에 비춰볼 때 매우 이례적인 요구였고, 나도 그 점을 잘 알고 있었다. 참석한 전문가들과 공사 관계자들은 모두 국토부 담당 과장의 입만 바라보았다. 잠시 후 국토부 과장은 바로 그 자리에서 시행사에 자료 공개를 요청했고 비로소 설계도 원본의 공개가 가능해졌다. 신뢰 확보의 한 고비를 넘는 순간이었다.

3차 간담회 이후에도 주민설명회와 간담회는 계속 이어졌고, 나와 동문8단지 주민들은 최대한 안심할 수 있는 대책이 나올 수 있도록 협의와 논의를 거듭했다.

3 | 안전,
    돌아보면 가장 빠른 길

한자리에 모인 관계자들

수차례 국토부와 시행사의 자료들을 확인하고 협의하는 과정에서 주민들은 정부기관 대응에 어려움을 느꼈다. 사실 평범한 시민들이 정부기관이나 공무원을 상대로 어떤 일을 원만히 추진하기는 어려운 실정이다. 이에 주민들은 협의체를 마련해 안전 점검을 진행하자고 제안했다. 관련자 모두 흔쾌히 동의했고 2019년 5월 9일 주민들과 전문가, 지역 정치인들이 한자리에 모였다.

그 자리에서 내가 힘껏 노력하고 있는 점과 몇 가지 알려야 할 이야기를 전했다. 먼저 노선을 정밀하게 측정한 결과 철로가 아파트 부지를 완전히 벗어나게 되었다는 점을 알려드렸다. 등기부에서 철도 부지가 아니게 되었고 그에 따라 재산권 문제도 해결되었다. 또 스포츠센터와 열병합발전소에 대해서는 파주시와 난방공사에게 안전 점검 추진을 공식적으로 요청하고, 무진동공법 구간을 늘려나가고 있다는 사실도 말씀드렸다.

마침내 이러한 노력과 약속들이 모여 이듬해인 2020년 3월 26일 동문8단지 비대위와 내가 정책 협약을 체결하여 공표했다. 이후 협약 내용대로 파주 시청은 시추 작업과 안전 진단을 위해 예산을 확보해 사업을 추진했고, 지역난방공사도 안전 진단을 위한 전문가 검증 용역을 개시했다. 2018년 12월 27일 주민 탄원을 담은 공문을 국토부 장관에게 제출한 지 1년 만에 상호 신뢰의 결실이 맺혔다.

갈등을 이겨내야 성취가 있다

정부가 추진하는 어떤 사업이든 반대가 없는 사업은 없었다. 대표적으로 경부고속도로가 그렇고, 고속철도도 그렇고, 인천공항도 처음부터 반대 의견이 많았다. 그러나 지금 고속도로가 없는 한국, 고속철도가 없는 한국, 인천공항이 없는 한국을 상상해보라. 세계 10위권의 경제대국은 꿈도 꾸지 못했을 것이다. 나아가 국민들의 삶의 질은 지금과 비교가 안 되게 떨어져 있을 것이다. 마찬가지로 GTX가 없는 서울과 경기도를 상상하면 일상의 불편함은 커지고 삶의 만족도는 더욱 하락할 것이다.

차량기지 입출고선을 둘러싼 파주 주민들의 염려와 갈등도 결코 작지 않았다. 그러나 나는 지역 국회의원으로서 문제 해결을 위해 주민 대표는 물론, 기관장과 실무자들을 꾸준히 만나 토론하고 협의했다. 주민 대표분들도 생업에 종사하시면서 저녁이면 한데 모여 안전 보장을 위한 대책과 지혜를 모으시느라 참 많이도 고생하셨다. 파주 발전과 안전한 GTX-A 건설을 위해 진심으로 걱정하고 대안을 찾으셨던 주민 대표 여러분께 다시 한번 감사의 마음을 전한다.

2020년 3월 27일 체결된 정책협약서 원본

교하8단지 비대위 - 윤후덕 더불어민주당 국회의원 후보
GTX안전노선 확보 및 교하발전 방안 마련을 위한 정책협약서

교하8단지 비대위(GTX-A 열병합 관통노선 반대 비상대책위원회, 위원장 안순덕)와 윤후덕 더불어민주당 국회의원 후보는 안전한 GTX-A 노선 확보와 교하지역 발전방안을 마련하기 위해 공동의 노력을 기울이기로 합의하며, 아래와 같이 협약한다.

1. GTX-A노선 차량기지 입출고선(지역난방공사, 청석스포츠센터 하부 통과)을 안전한 노선으로 변경하는 것을 끝까지 추진한다.

2. 시추방식을 포함한 현장조사와 8단지비대위 및 추천 전문가 참여가 보장된 안전용역을 추가적으로 추진하며 이를 위한 예산확보를 위해 노력한다. 또한 진행 중인 안전진단용역에 관한 자료가 비대위에게 제공토록 추진한다.

3. 교하8단지 인접구간 노선으로 인해 발생할 수 있는 재산권 행사 제약(철도보호지구)을 없게 하고 향후 개발행위 시 인센티브(용적률, 건폐율 확대)가 보장되는 법령 제·개정을 추진한다. (•철도보호지구 30m 이격에 관한 추가적인 상호협의를 추진하며 8단지 인접구간인 812동까지 노선에 대해 무진동공법 적용토록 추진한다.)

4. 파주시청 허가를 구하는 시공사의 신청행위가 있을 시 즉각 8단지 비대위에 알리고 주민의 의견을 수렴하여 반영한다.

5. 차량기지에 승하차기능을 확보하고 주변에 ICT산업단지 조성을 추진한다.

6. 난방공사 주변 녹지를 시민건강공원으로 조성하기 위해 노력한다.

7. 청룡두천 인근 체육공원 부지에 다목적체육관 등 체육시설을 확보하고 이용편의 증진방안 마련을 위해 노력한다.

8. 교하중앙공원을 리모델링(주차면수 확대 포함)하여 시민휴식공간으로 개선하기 위해 노력한다.

9. 8단지에서 출발하는 M버스(파주-광화문)가 조기에 서비스되도록 노력한다.

10. 교하8단지(차량기지 반경 1㎞ 이내) 주민의 물질적·정신적 피해 회복을 위한 발전기금 조성을 위해 노력한다.

※ 비대위가 필요로 하는 GTX-A노선에 관련된 정부(국토부 등), 파주시, 시공사의 자료 제공에 적극 협조한다.

2020년 3월 26일

교하8단지 비대위　　　　　　더불어민주당 국회의원 후보

위원장
위원

4 | 이제 파주 시민의 동반자가 될 GTX-A

세상에 처음 드러내는 멋진 위용

2022년 12월 19일, GTX 전동차에 직접 올라탔다. 이 역사적인 현장은 바로 GTX 제1호 전동차 출고식이 거행된 현대로템 창원 공장이었다. 그동안 말로만 듣던 GTX 전동차가 세상에 처음 그 위용을 드러내던 순간이었다. 마침 5년 전 바로 이날인 2017년 12월 19일이 GTX-A노선 파주 연장이 확정된 날이기도 해 묘하게 설렘이 더해졌다.

추운 날씨였지만 출고식에 참석한 사람들은 밝고 상기된 얼굴로 GTX 전동차 출고식 행사를 치렀다. GTX 전동차 내부를 직접 시승해 보니 기존 지하철보다 훨씬 아늑하게 느껴졌고, KTX 열차보다 빠를 것 같은 기분이 들었다.

8량 1편성으로 구성된 GTX 전동차는 우리가 지금까지 보아왔던 전동차와 다른 형태이다. 일반 지하철 전동차(80~100km/h)보다 훨씬 빠른 180km/h이다. 빠른 속도와 터널에서 운행되는 점을 고려해 국내 전동차 최초로 KTX에 사용되는 단문형 출입문이 적용됐다. 안전을 최우선으로 하는 만큼 인공지능(AI) 기반 시스템으로 운영된다. 의자 사이마다 분리대를 설치했고, 출입문에는 장애물 감지 체계를 2중으로 부착했다. 글로벌 시장에 진출해서도 선전하리라는 예감이 늘었다.

'이제 이 전동차를 타고 파주 시민들이 서울역과 강남으로 출퇴근하겠구나.'

파주 시민들이 집밥 먹으며 출퇴근하는 '저녁 있는 삶'을 누릴 수 있을 것이라 생각하니 가슴이 벅차고 기쁨이 차올랐다. 참 오랜 시간 고대해왔는데 비로소 실감이 났다. 새삼스레 감격에 젖었다. 백번 듣는 것이 한 번 보는 것만 못하다는 말이 그냥 있는 말이 아니었다. 2023년 12월이면 본선 시험운행을 마친 초도 편성 8량을 비롯해 예정된 15편성(120량)이 순차적으로 문산 차량기지를 거쳐 운정 GTX 차량기지로 오게 된다. 파주 시민들에게 실물로 선보일 날이 머지않았다.

2024년 상반기에 대망의 시운전

노선 건설 공사는 조용하면서도 안전하게 진행되고 있다. 조용한 이유는 공사가 땅속 깊은 곳에서 진행되기 때문이고, 안전한 이유는 그동안 한번도 GTX 사고 뉴스가 보도된 적이 없기 때문이다. 파주의 A노선 제1, 2공구 공사는 원활하게 진행되고 있다. 2022년 12월 말, 제2공구 터널 굴착공사가 마무리되었고, 차량기지가 포함된 제1공구 터널 굴착공사는 2023년 1월 말에 모두 완료되었다.

현재 GTX-A노선은 구간 굴착 공사를 대부분 완료했고 서울 1개 구간 굴착공사를 올해 12월까지 마무리할 계획이다. 라이닝(lining)이 완료된 구간부터 차례차례 바닥에 레일을 깔고 전기를 연결하는 전차선 설치를 하고 있다. 그리고 먼저 공사가 마무리되는 운정~창릉 구간에서 2024년 상반기에 전동차 시운전 시행을 준비하고 있다.

50m 깊이의 대심도 터널을 전동차들이 최고시속 180km, 평균시속 100km로 달리게 된다. 지하철보다 3배 빠르게 달리기 때문에 서울역까지 18분, 강남 삼성역까지 23분 주파가 가능하다.

국가에서 시행하는 대규모 토목공사는 많은 비용과 오랜 시간을 필요로 한다. 경부고속도로는 1967년 계획이 시작되어 1970년 7월에 완공되었다. 당시 한국의 기술력으로 매우 빠른 3년 만에 일을 끝낸 것이다. 단군 이래 가장 큰 토목사업이라 불리던 경부고속철도는 1989년에 계획이 시작되어 1992년 기공식을 거쳐 2004년 4월 1일 첫 열차가 달리기 시작했다. 15년 만에 1단계를 완성해냈다. 인천공항은 1990년 인천 영종도가 최종 부지로 결정된 이후 2001년 3월 29일 공식 개항해 오전 6시 30분에 첫 비행기가 이륙했다. 11년 만에 완공되어 대한민국의 모습을 새롭게 바꾸었다.

GTX는 2007년에 첫 언급된 이래 우여곡절을 거쳐 드디어 2024년 상반기에 첫 열차가 달리게 된다. 2018년 12월 착공 이후 6년 만에 시민들에게 봉사하게 되는 것이다. 오랜 기간이 걸린 대규모 공사인 만큼 모든 사람들의 기대가 크다.

GTX와 함께 달리는 명품 자족도시 파주

대망의 GTX가 눈앞에 다가왔다. GTX는 지금의 지하철보다 훨씬 빠르고 쾌적한 새로운 지하철도이다. 경기도 외곽에서 서울 중심지까지 30분대만에 갈 수 있다. 그만큼 수도권의 교통난을 해수하고, 교통혼잡을 줄이고 낙후된 지역도 발전시킨다.

GTX는 경기도가 제안하여 국가 차원의 대공사로 추진되고 있다는 점에서 특별한 의미를 부여할 수 있다. GTX는 대한민국 인구 절반 이상이 모여 사는 수도권의 교통 문제를 해결할 수 있는 가장 획기적이고 효과적인 방법이다. 수도권 경쟁력 향상은 물론 우리나라 전체를 발전시킬 수 있는 혁명적인 디딤돌이 될 것이다.

GTX-A 노선은 여러 노선 중에서도 가장 빨리 착공해 가장 빨리 개통하는 노선이다. 그 노선의 출발점이자 종착점이 파주 운정이라는 사실은 파주시 역사에 한 획을 긋는 대변혁이라 할 수 있다. 10년 가까운 긴 세월 동안 그 여정에 동참해온 파주 시민들의 노고가 큰 혜택으로 돌아올 것이다.

파주는 평화와 문화의 도시답게 역사 유적지가 많고, 빼어난 경관을 자랑한다. 임진각, 생태탐방로, 황포돛배, 파주출판도시, 오두산 통일전망대, 율곡 이이 유적지, 마장호수, 감악산 출렁다리, 혜음원지, 장준하기념관, 용미리 석불, 심학산, 검단사, 용상사, 용암사, 보광사, 국립6·25전쟁납북자기념관, 율곡수목원, 파주 삼릉(공릉, 순릉, 영릉), 장릉, 황희정승 유적지, 윤관 장군 묘, 도라산 전망대 등이 유명하다.

특히 '국립민속박물관 파주'는 전국에서 유일한 개방형 수장고로 수만 점에 이르는 다양한 민속유물과 사진, 음원, 영상 등 무형의 민속자료를 모아둔 국내 최대 민속자료센터이다. 다양한 축제와 문화제도 열린다. 파주개성인삼 축제, 장단콩축제, 평생학습박람회, 율곡문화제, 파주 예술제, 파주 북소리 등의 축제가 매년 열려 수많은 관광객들의 찬사를 받는다.

이러한 유서 깊은 도시 파주에 GTX가 연결됨으로써 한 차원 더 높게 발전할 수 있는 발판이 마련되었다. 인구 50만을 넘어 대도시로 승격을 앞둔 파주는 이제 대한민국을 대표하는 역사도시, 문화도시, 관광도시, 도농공 복합도시, 남북평화와 통일의 도시로서, 나아가 '명품 자족도시'로서 그 소임을 다할 것이다.

2부

GTX 교통 혁명이
가져올 변화

1장

GTX 혁명이 시작된다

1 | GTX는 무엇인가?

국가기간교통망을 새롭게 해야 한다

처음 경부고속도로는 왕복 4차선이었다. 대부분의 사람들은 "자동차도 많지 않은데 이렇게 넓은 길이 필요한가?" 의구심을 가졌었다. 그러나 자동차의 폭발적 증가로 1992년에 8차선으로 확장했다. 그럼에도 주말과 공휴일, 명절에는 주차장으로 변해버린다. 만약 이 길을 16차선으로 넓히면 교통체증이 완화될까?

그렇지 않을 것이다. 길이 넓어지는 만큼 자동차도 늘어나기 때문이다. 수도권의 교통 정체와 그에 따른 문제들을 해결하는 가장 좋은 방법은 쾌적하고 빠른 철도를 놓는 것이다. 경기도는 이 문제를 풀기 위해 고심해왔고, 2007년 수도권광역급행열차 개념을 만들어냈다. 빠르게 달리되 지상이 아닌 지하 깊은 곳에 터널을 뚫어 달리게 하고, 주요 역에만 정차해 이동에 걸리는 시간을 획기적으로 줄이는 개념이었다. 이른바 대심도(大深道) 구상이었다.

경기도는 이를 실현하기 위해 정부에 꾸준히 제안했고, 2014년 국토부에서 GTX 건설 추진을 공식화했다. 그때만 해도 GTX라는 용어가 일반적으로 사용되기 전이어서 '신교통수단'이라는 용어로 표기되기도 하였다. 대심도는 터널공법(TBM)으로 30~60m까지 땅을 파 지하에 도로나 지하철 등을 건설하는 방식을 말한다.

　GTX가 국가 문서에 공식적으로 처음 등장한 것은 국토부가 2011년 1월에 발표한 〈국가기간교통망계획〉의 〈제2차 수정계획 (2001~2020)〉이다. 이 계획은 2010년 12월에 수립되어 1개월 후에 발표되었다. 수정계획이 수립된 데에는 세 가지 사유가 있었다.

- 육상, 해상, 항공 교통정책과 도로, 철도, 공항, 항만 등 국가기간교통 시설 확충이 상호연관성 없이 부문별로 추진됨으로써 국가 교통정책 목표 달성에 한계 존재
- 교통시설 확충과 병행하여 교통체계의 운영 개선 등 효율적인 국가종합교통체계를 구축해야 할 필요성 대두
- 글로벌화, 환경 및 에너지 문제 등 장래 여건 변화에 대비하기 위하여 미래를 내다보는 체계적인 장기 종합교통계획 필요

또한 그 목적은 여섯 가지였다.

- 효율적인 교통체계 구축을 위한 미래지향적 목표와 비전 설정
- 교통 SOC 최상위계획으로서의 기능 및 위상 강화
- 교통 SOC 투자 패러다임을 반영한 교통투자 우선순위 조정
- 육상·해상·공항 통합연계 네트워크 구축

- 국가기간교통시설의 기본 골격 형성 및 부문별 계획 통합 조정
- 저탄소 녹색성장형 교통·물류 체계의 본격 구축

주요 내용을 보면, 도로와 철도의 현황 및 문제점, 장래 교통의 변화, 과제별 추진전략 등이 담겨 있었다. 수정계획이 제시된 배경도 의미하는 바가 매우 컸다. 여러 요인 중에 '교통혼잡비용'이 국가 발전을 저해하는 요인 중 하나였다.

교통혼잡비용은 교통혼잡으로 인해 발생하는 다양한 형태의 손실을 돈으로 환산한 것이다. 차량운행비용과 시간비용을 합하여 계산하며, 그중 시간비용이 약 80%를 차지한다. 2012년 30.31조 원, 2017년 59.62조 원, 2018년 67.76조 원, 2019년 70.6조 원, 2020년 57.64조 원으로 나타났다. 매년 지속적으로 늘어나다가 2020년에 줄어든 이유는 코로나19 영향 때문이다. 코로나19가 끝나면서 2023년 약 80조 원을 넘을 것으로 추정된다. 이 돈은 우리나라 GDP 대비 3~3.7%에 이른다.

선진 교통시스템 구축을 위해서는 철도 비중을 높여야 한다
국토부가 2011년 분석한 바에 따르면 2008년 도로는 81.4%이고, 철도는 15.9%로 도로가 압도적으로 많았다. 이는 교통혼잡, 시간 소비, 환경오염 등 여러 문제를 일으킬 수밖에 없었다.

지역간 수송분담률

단위: %

구 분		2001	2002	2003	2004	2005	2006	2007	2008
국내여객 (인/km)	도로	83.0	83.2	82.7	81.6	82.2	82.2	81.7	81.4
	철도	13.6	13.5	14.0	15.4	15.1	15.0	15.7	15.9
	항공	3.2	3.1	3.2	2.8	2.5	2.5	2.5	2.5
	해운	0.18	0.18	0.20	0.20	0.19	0.19	0.20	0.23
국내화물 (톤/km)	도로	65.9	65.2	68.1	73.4	74.2	74.6	73.0	71.1
	철도	7.6	7.6	8.3	7.7	7.1	7.2	7.5	8.1
	항공	0.12	0.12	0.11	0.12	0.11	0.10	0.09	0.09
	해운	26.4	27.1	23.5	18.8	18.7	18.1	19.4	20.7

* 출처: 국가교통DB센터, 〈2009년 국가교통DB구축사업〉, 2010.

또한 선진국 사례를 보면 '국토계수당 철도 연장'이 룩셈부르크는 5.61, 영국은 2.88, 일본은 2.01이었으며 철도보다 비행기와 자동차를 주로 이용하는 미국에서조차 3.50인데 비해 한국은 1에 불과했다. 이 숫자들은 선진국이 도로보다 철도를 더 많이 놓고 있다는 사실을 잘 보여준다.

1인당 GDP 2만 달러 시기의 도로와 철도연장 비교

구 분	연도	1인당 GDP (달러)	인구 (천명)	총면적	국토계수당 도로연장	국토계수당 철도연장	한국 대비 비율		
							국토계수	국토계수당 도로연장	국토계수당 철도연장
한국	2007	20,045	48,456	99.7	1.48	0.05	1.00	1.00	1.00
룩셈부르크	1990	23,656	378	2.6	5.15	0.27	0.01	3.47	5.61
덴마크	1987	19,945	5,117	43.1	4.75	0.17	0.21	3.20	3.42
아일랜드	1996	19,927	3,644	70.3	5.78	0.12	0.23	3.90	2.50
네덜란드	1992	21,207	15,156	41.5	4.18	0.11	0.36	2.82	2.25
오스트리아	1990	20,634	7,729	83.9	4.21	0.22	0.37	2.84	4.53
노르웨이	1987	19,890	4,184	323.9	2.36	0.11	0.53	1.59	2.35
핀란드	1988	20,978	4,952	338.2	1.87	0.14	0.59	1.26	2.95
스웨덴	1987	19,196	8,413	450.0	2.13	0.18	0.89	1.44	3.73
영국	1996	20,539	57,897	242.9	3.11	0.14	1.71	2.10	2.88
이탈리아	1991	20,463	56,811	301.3	2.33	0.12	1.88	1.57	2.52
독일	1991	22,127	79,914	357.0	3.77	0.25	2.43	2.54	5.04
프랑스	1990	21,072	56,735	551.5	4.55	0.20	2.55	3.07	4.03
일본	1987	19,731	122,052	377.8	5.12	0.10	3.09	3.45	2.01
호주	1995	19,887	18,072	7741.2	2.40	0.10	5.38	1.62	1.98
캐나다	1989	20,946	27,327	9970.6	1.68	0.17	7.51	1.14	3.50
미국	1988	19,997	250,663	9629.1	4.01	0.17	22.36	2.70	3.50

* 국토계수 $= \sqrt{\text{국토총면적}(km^2) \times \text{인구}(\text{천명})}$

* 출처: 한국자료는 통계청, 외국자료는 한국교통연구원, 〈국제비교를 통한 적정 SOC스톡 및 투자지표 개발 연구〉, 2004년.

참고로 2010년대 선진국의 교통정책을 살펴보면 미국은 포괄적(In-clusive in Nature), 국제적(International in Scope), 지능적(Intelligent in Character),

혁신적(Innovative in Approach) 교통정책으로 나아가기 위해 〈종합육상교통효율화법〉(Intermodal Surface Transportation Efficiency Act)을 추진했다. 이는 국가를 하나로 묶고 세계와 연결하는 통합 기능을 할 수 있도록 교통체계를 개편하는 것이었다. 영국 역시 종합교통체계(Integrated Transport Policy)로 전환해 'A New Deal for Transport' 개념을 도입했다. 대중교통을 개선시켜 차량보다는 철도, 전철 등을 늘려 이동을 더 빠르게 하는 것이 목표였다. 독일은 통합교통체계의 구현을 목표로 했으며, 일본은 경제사회의 변혁에 대응함과 동시에 이동성의 혁신을 추구했다. 이들 선진국들의 교통정책에는 공통적으로 네 가지가 포함되었다.

- 저탄소 녹색성장
- 교통안전
- 신교통기술의 적용과 확대
- 지하교통체계

철도는 경제발전과 고용창출에 큰 영향을 끼친다

이러한 목적을 수행하기 위한 가장 좋은 방법은 고속형 철도였다. 고속철도는 우리가 이미 KTX에서 보았듯 국가 전체의 모습을 변화시킬 수 있다. 개인과 기업의 활동 범위가 늘어나고 생산성도 증가한다. KTX가 운행된 이후 철도 이용은 꾸준히 증가하고 있으나 도로에 비해 여전히 비중이 적다.

연도별 여객수요 전망

구 분		도 로	철 도	항 공	해 운	합 계
2008	백만인/년	4,393	742	17	7	5,160
	분담률(%)	85.1	14.4	0.33	0.15	100
2020	백만인/년	4,762	842	22	8	5,634
	분담률(%)	84.5	14.9	0.39	0.14	100

* 〈국가기간교통망계획 제2차 수정계획〉의 투자조정 결과가 반영되지 않은 분담률임.
* 출처: 국가교통DB센터, 〈2009년 국가교통DB구축사업〉, 2010년.

〈제2차 수정계획〉의 과제별 추진계획에는 여러 사항들이 열거되었는데 그중 '광역급행철도(GTX)'가 언급되었다. "수도권광역급행철도는 광역철도 지정 고시, 예비타당성조사 등을 거쳐 사업추진 본격화"라는 설명이 붙어 있었다. 총거리는 145.5km였다. 그때만 해도 '언제 어떻게 어느 곳에 GTX를 건설하겠다'는 명확한 표현은 없었다.

〈제2차 수정계획〉을 바탕으로 2009~2020년에 도로와 철도 모두 늘어났으며 정부는 철도에 더 중점을 두었다.

교통시설 확충

구 분		2009	2020
도 로	고속국도 연장(km)	3,776	5,470
	일반국도 연장(km)	13,820	14,384
철 도	영업연장(km)	3,378	4,955
	고속철도 연장(km)	240.4	701.8

* 민자사업으로 인한 연장 포함. 일반국도에 국도대체우회도로, 지역간선도로, 물류간선도로 포함.

이 기간에 도로와 철도가 계획대로 완공되면 차량비용 절감, 통행시간 절감, 교통사고 감소, 환경 보전 등 연간 19.9조 원의 효과가 발생할 것으로 추정했다. 간접효과로는 생산유발효과가 393조 원이고, 350만 명의 고용이 가능할 것으로 추정되었다.

제2차 수정계획에 따른 직접효과

편익(억원/년)					CO_2 배출량 (천tCO_2)
차량운행비용	통행시간비용	교통사고비용	환경비용	계	
19,125	169,076	1,354	9,555	199,110	104,831

* 2021년 기준.

제2차 수정계획에 따른 간접효과

구 분	생산유발효과(억원)	고용유발효과(인)
효과	3,928,026	3,503,375

우리나라 교통의 미래상은 첫째로 글로벌 한반도 가치 재창출을 위한 간선도로 서비스 향상, 둘째로 광역경제권 간 90분대, 광역경제권 내 30분대 이동으로 단일 대도시권 통합, 셋째로 에너지 및 CO_2 배출량 감소, 넷째로 교통혼잡 예방, 다섯째로 고령자와 교통약자도 대중교통을 이용하여 전국 어디에나 불편 없이 이동할 수 있는 선진 교통국가가 되는 것이다. GTX는 이 중에서 둘째, 셋째, 넷째, 다섯째에 해당하는 것이었다.

2012년부터 대통령 후보들의 단골 공약

〈제2차 수정계획〉이 발표된 이후 수도권 시민들은 GTX에 큰 기대를 걸고 있었으나 막상 정부는 실행에 대한 액션이 없었다. 이에 수도권 단체장들은 "교통난 해법은 GTX"라고 한 목소리를 내기 시작했다. 서울시장, 경기도지사, 인천시장은 2013년 '참된 지방자치 발전을 위한 경기·서울·인천 공동 협약식'을 맺고 GTX 추진에 공동 협력하기로 했다. 그 자리에서 경기도지사는 "기획재정부가 예비타당성조사를 1년 6개월간 끌고 있는데 매우 부당하다"고 지적한 뒤 "경기도와 서울, 인천시 모두 GTX가 출퇴근 교통지옥 해결을 위한 가장 중요한 사안이라는 데 의견 일치를 본 만큼 문제 해결에 정부가 나서야 한다"고 촉구했다.

GTX는 2012년부터 대통령 후보들의 공통적인 공약이기도 했다. 그때는 GTX라는 용어가 확정되기 전이어서 '광역급행철도'라는 단어를 사용하였다. 2012년 제18대 대통령 선거에서 문재인 후보는 〈경기도 정책공약서〉의 '파주 관련 공약'에서 GTX 확충을 주요 공약으로 내세웠다.

[제18대 대통령 선거] 문재인 후보 파주 관련 공약

- 광역철도, 도로 등 광역교통망 확충
- 서울을 남북으로 가로지르는 수서~킨텍스 광역철도 노선을 파주까지 연장 건설
- 지하철 3호선 파주 연장

- 개성과 연계한 파주경제특구 조성

- 파주산업단지와 개성공업지구를 연계한 평화적 경제특구 조성으로 한반도 경제공동체 및 평화통일 기반 조성
- 통일지향적 쌍방향 교류 통해 제조·물류산업단지 육성
- 개성공단 활성화 계기로 경의선 철도 시범운행 거쳐 정기 운행
- 장기적으로 경의선, 경원선을 시베리아횡단철도(TSR), 중국횡단철도(TCR)로 연계
- DMZ 및 접경지역(파주, 고양, 개성)을 묶는 '삼각벨트'형 자유관광공동지역 설치

당시 박근혜 후보 역시 GTX 추진을 약속했다.

"수도권의 만성적인 교통난 해소를 위해 경기도 어디에서나 서울 도심에 30분대 접근이 가능하도록 수도권광역급행철도를 추진하겠습니다."

이어 2017년 제19대 대선에서 문재인 후보는 "수도권 광역급행열차를 대폭 확충한다"는 공약을, 홍준표 후보는 "인천 최대 현안인 GTX-B 노선(송도~마석) 조기 착공"을 약속했다.

2022년 제20대 대선에서도 GTX는 후보들의 중요한 공약이었다. 이재명 후보는 "A·B·C 노선의 속도를 높이는 동시에 신규 노선을 추가하는 'GTX플러스' 프로젝트를 추진하겠다"고 공약했다. 그리고 2022년 1월 24일 발표한 〈경기지역 공약 발표문〉에서 'GTX 플러스 프로젝트로 수도권 30분대 생활권'을 추진한다고 약속했다.

첫 번째 약속을 드립니다. 'GTX 플러스 프로젝트'로 수도권 30분대 생활권을 만들겠습니다. (…) 지금까지 착착 진행해온 교통망 구축을 기초로 GTX에 신규 노선을 추가하는 'GTX플러스(+) 프로젝트'를 추

진하겠습니다. 이를 통해 수도권 교통난을 해소하고 누구나 차질 없는 이동권을 보장하겠습니다. 현재 추진 중인 GTX-A·B·C 노선의 속도를 높이겠습니다.

또한 이 후보는 지하철 3호선을 대화~금릉~경의중앙선으로 연결하겠다는 공약도 잊지 않았다.

윤석열 후보는 "기존의 GTX 노선은 확대하고 추가로 노선을 신설해 수도권 주민의 생활 편의를 높이겠다"고 천명했다. 공약의 골자는 A·C·D 노선을 연장·확대하고 E·F 노선을 신설하는 것이었다.

이처럼 역대 대통령 후보들 모두 GTX의 신속한 개통과 확장을 공약으로 내건 이유는 GTX가 수도권만의 교통이 아니라 대한민국 전체를 변화시킬 수 있는 중요한 프로젝트이기 때문이었다.

GTX가 특별한 것은 수도권 내의 주요 핵심 지역을 연결하는 고속철도이며 땅속 40m 아래에서 달린다는 점이다. 대도시의 높은 토지 가격을 고려한 것이지만 철도가 다니면서 지상의 교통 흐름을 방해하는 것을 없애고, 소음 등 환경 문제를 동시에 해결하려는 의지가 담겨 있다.

2 | 세계판 GTX

철도 구조개혁은 시대의 소명

기차는 하루아침에 뚝딱 등장한 것이 아니라 1500년대 후반부터 여러 사람의 노력을 거쳐 오늘날의 모습을 갖추게 되었다. 보통 1825년, 영국의 조지 스티븐슨(George Stephenson)이 제작한 증기기관차 로코모션 1호(Locomotion No.1)를 첫 기차로 간주한다. 영국은 기차 발명의 영예를 안고 있지만 현대에 들어 기차 강국은 일본과 프랑스를 꼽는다. 1964년 등장한 일본의 신칸센(新幹線)과 1981년 등장한 프랑스의 테제베(TGV)는 기차를 혁신적으로 바꾸어 사람들의 삶의 모습도 바꾸어놓았다.

2000년대 들어서도 기차의 형태와 철도 운영은 유럽이 앞서가고 있었다. 내가 2012년 제19대 국회 첫 의정활동을 시작했을 때 우리나라는 KTX가 운행되어 철도 부분에서 선진을 달리고 있었지만 여러 문제를 안고 있었다. 특히 막대한 철도 부채와 그것을 해소시킬 수 있는 철도 민영화가 논란의 초점이었다.

국회에서는 이 문제를 심각하게 받아들이고 철도 선진국 유럽의 사례를 파악하여 우리나라에 활용할 수 있는지 살펴보기로 했다. 그리하여 나는 4명의 의원과 함께 '철도발전소위 해외 선진철도 방문단'의 일원으로 2014년 3월에 8일 동안 영국, 프랑스, 독일, 오스트리아를 방문했다.

영국에서는 교통부(Department of Transport)를 방문해 관계자들과 의견을 교환한 뒤 유로스타(Eurostar)에 탑승했으며, 프랑스에서는 국제철도연맹(UIC)을 방문한 후 탈리스(Thalys) 고속열차에 올랐다. 독일에서는 연방철도청(EBA)을 찾아 전문가들을 만나고 인터시티(Intercity) 고속열차에 탑승했다. 이어 오스트리아에서는 웨스트반(WESTbahn Management GmbH) 사를 방문해 여러 시설과 운영시스템을 탐방한 뒤 급행열차 웨스트반(Westbahn)을 시승했다. 철도 관계사를 방문해 전문가들과 의견을 교환하고 토론할 때 궁금한 사항이 많아 토론 시간이 예상보다 길어졌다. 그만큼 많은 정보와 현황에 대해 알게 되었다.

4개 나라가 공통적으로 추진하는 과제는 철도의 비효율을 개선하고 국민 부담을 줄이는 것이었다. 민영화 추진이 중요한 것이 아니라 국가재정을 더 투입해 철도 효율화를 이끌고, 안전 문제를 해소하는 것을 중점으로 삼았다. 세계의 여러 나라들이 철도에 많은 돈을 투입하는 이유는 철도가 발생시키는 사회적 이익이 눈에 보이는 적자보다 훨씬 더 크기 때문이다.

철도의 특징 중 하나는 철도를 이용하는 사람에게만 혜택이 돌아가는 것이 아니라 철도를 이용하지 않는 사람에게도 긍정적 기여를 한다는 것이다. 민영화를 통한 수익이 먼저가 아니라 국가 발전과 국민 삶의 질 향상을 위해 철도에 더 투자해야 한다.

또한 각 나라가 똑같이 안고 있는 문제는 대도시 인구 집중과 그에 따른 교통의 어려움이었다. 대도시의 팽창과 인구 증가는 사실 거의 모든 나라에서 심각한 골칫거리였다. 집과 직장의 거리가 멀어지는 것은 필연적으로 시간, 비용, 체력 소모를 불러온다. 여러 선진국은 이 문제를 줄이기 위해 대도시 광역철도를 구상해냈다. 철도의 탄생지 영국, 현대 철도의 강국 프랑스와 일본의 사례는 우리에게 시사하는 바가 크다.

영국: 경제성장과 지역재개발 효과를 동시에

철도 발상지답게 영국은 광역급행철도 역시 잘 구비되어 있다. 첫 번째 광역철도는 하이스피드(High Speed)이다. 1997년 착공하여 2003년에 1구간(Section1)을 개통하고, 2007년 2구간(Section2)을 개통하여 완공되었다. 영국 남동부에서 GTX와 비슷한 역할을 맡는다. '재블린셔틀(Javelin Shuttle)'이라 불리는 열차를 이용한 광역철도로, 정식 명칭은 '채널터널 레일 링크(Channel Tunnel Rail Link)'이다. 런던의 세인트판크라스(St. Pancras) 역에서 채널터널(Channel Tunnel)까지 약 109km의 거리를 달린다. 이후로는 도버해협을 건너 프랑스로 이어진다. 최고속도는 225km/h에 달한다.

또 다른 광역급행인 크로스레일(Crossrail)은 2009년 시작되었다. 영국 정부에서 런던의 교통 혼잡을 타개하기 위해 추진하는 프로젝트이다. 우선 3개 노선 개통 후에 5개 노선으로 확장될 예정이다. 역은 41개이며, 엘리자베스선(Elizabeth Line), 2호선, 3호선으로 불린다. 런던을 중심으로 한 그레이터런던(Greater London)에서 추진 중인 프로젝트로 우리나라 GTX의 롤모델이다. GTX처럼 전 구간을 땅속(대심도)으로 달리는 것이 아니라 도심에서는 대심도로 잇고 교외에서는 지상선을 달린다.

외곽의 주요 지역에서 도심지까지 40분 정도만에 닿을 수 있도록 운행한다. 민관 공동투자 방식으로 경제성장과 지역재개발 효과를 기대하고 있다. 2009년 5월 엘리자베스선으로 불리는 크로스레일 1이 착공되어 2022년 5월 부분 개통되었다. 총길이는 118km(지하구간 42km)이다. 개통 후에 런던 도시권에 거주하는 주민들의 큰 환영을 받아 이용객이 증가하고 있으며 엘리자베스선이 지나가는 곳의 부동산 가격도 크게 올랐다.

프랑스: 1977년 도입된 광역급행열차

파리는 1960년대부터 교통 문제 해결에 몰두해왔다. 다른 나라의 수도나 대도시와 달리 파리 면적이 한정되어 있는 것도 하나의 원인이었다. 1960년 파리권 정비계획에 기초하여 1965년 파리권 신도시 건설계획이 세워지면서 등장한 철도가 RER(Réseau Express Régional)이다.

파리와 주변 일드프랑스(Île-de-France) 지역을 수용하는 광역급행철도이다. 1960년대 도로교통으로는 도저히 파리권의 통근 수요를 처리할 수 없자 도심에서는 대심도 터널로, 교외에서는 기존의 간선철도망으로 운행하도록 건설되었다. 1977년에 A선, B선이 개통됐고, 1979년에 C선, 1987년에 D선, 1999년에 E선을 개통했다. 지하철과는 별도 선로이며, 교외에서 시내 진입까지 약 15분 걸린다. 그만큼 교외 거주자들의 파리 출근을 편리하게 해주었다.

A선과 B선은 프랑스 국철과 RATP에서 공동으로 운영하며, 나머지는 프랑스 국철이 독점 운영한다. 고속운행을 위해 주요 거점역과 환승역에만 정차하여 평균표정속도는 53km에 달하며 8량 1편성이다. A노선은 2층 객차로 1600석의 좌석이 설치되어 있다.

일본: 130km/h의 속력으로 도심과 공항을 연결

일본의 대표적인 광역급행열차인 츠쿠바 익스프레스(Tsukuba eXpress)는 2005년 도입되었다. 아키하바라(秋葉原)에서 츠쿠바(筑波)까지 45분, 모리야(守谷)까지 32분, 기타센주(北千住)까지 10분이 걸린다. 또 하네다공항까지 30분이면 갈 수 있다. 수도권신도시철도주식회사 소유로, JR동일본 조반선(常磐線)의 혼잡을 덜기 위해 부설되었다. 원래 명칭은 '조반 신선'이 될 예정이었으나 츠쿠바 익스프레스가 정식 명칭이 되었다. 보통 'Tsukuba eXpress'에서 따온 TX로 부른다.

쾌속·구간쾌속·보통의 3개 등급을 운행 중이다. 아키하바라에서 츠쿠바까지 20개 역을 달린다. 도쿄까지 쾌속은 최단 45분, 구간쾌속은 53분, 보통은 62분이 걸린다. 협궤 노선임에도 최대 130km/h까지 속력을 올리며, 향후 160km/h까지 올리는 것을 검토 중이다.

TX가 도입된 이후 츠쿠바는 급성장하는 도시가 되었다. 철도가

한 도시의 면모를 어떻게 바꾸어놓는지를 보여주는 대표 사례로 꼽힌다.

또 다른 급행은 게이오선(京王線, Keiō Line)이다. 게이오전철(京王電鉄株式会社)이 운행하는 노선으로 도쿄 신주쿠(新宿)~하치오지(八王子) 사이를 달린다. 노선 길이는 37.9km이며 최고속도는 110km/h이다. 특급, 준특급, 급행, 구간급행, 쾌속, 각 역 정차의 6단계가 있다. 게이오선은 1913년부터 영업을 시작한 오래된 노선이다. 110년 동안 운영되어 오면서 시대에 맞게 탈바꿈하여 현재 도쿄와 하치오지를 비롯해 인근 도시들을 연결하여 거주민들의 교통 불편을 덜어주고 있다.

세 나라의 사례에서 보듯 대도시권 광역급행철도는 현대의 필수 시스템이다. 우리나라는 영국이나 일본, 프랑스, 독일 등에 비해 철도가 늦게 시작되고 그마저도 일제 강점기에 지배와 수탈의 목적으로 부설된 아픔을 지니고 있다.

그러나 광복 이후 한민족의 부지런함과 명민함을 바탕으로 이제는 철도선진국으로 올라섰다. GTX가 개통되어 주요 거점들을 빠르고, 안전하고, 쾌적하게 달리는 날이 오면 명실상부한 철도강국으로 도약하리라 기대한다.

3 | GTX가 지나는 길

GTX는 수도권의 모습을 바꾸는 촉매제

"작은 역들은 빠른 기차가 자신을 스쳐 지나간다는 것에도 자부심을 갖는다."

오스트리아 수필가 카를 크라우스(Karl Kraus)의 말이다. 지방의 작은 간이역에 가면 이 말을 실감할 수 있다. KTX는 간이역에 정차하지 않고 스쳐 지나간다. 그럼에도 그 역은 KTX가 지나간다는 사실만으로도 자긍심을 갖는다. 만일 KTX가 정차하는 역이 된다면 큰 자부심을 가질 것이다. GTX도 마찬가지다. GTX가 정차하는 역은 새로운 모습을 갖추게 되고 역으로서 명성도 올라간다.

GTX는 수도권의 모습을 바꾸는 촉매제가 될 것이다. GTX는 지금의 지하철보다 훨씬 빠르고 쾌적한 새로운 지하고속철도이다. GTX는 수도권의 교통난을 해소하고, 장거리 통근자들의 빠르고 편안한 이동을 위해 외곽에서 서울 중심지까지 30분대만에 갈 수 있도록 철도망을 놓는 것이다. 서울과 경기도의 여러 철도 노선과 연결시켜 교통혼잡을 줄이고 낙후된 지역을 발전시키려는 목적도 있다. 또한 철도역을 중심으로 콤팩트시티를 만드는 구상도 포함되어 있다.

GTX 노선은 최대한 직선으로 하고 정차역 숫자를 최소화하여 시간을 줄이는데 중점을 두었다. 서울의 9호선 급행열차는 정차하는 역의 수를 줄여 속도를 높였는데 GTX는 이것보다도 훨씬 더 역의 숫자도 적고 빠르다.

현재 GTX는 4개 노선을 중심으로 추진 중이다. A노선은 파주(운정역)—서울역 – 삼성역 – 수서역—동탄을 연결하는 노선이고, B노선은 인천(송도)—용산 – 상봉—남양주(마석역)를 연결하고, C노선은 양주(덕정역)—창동 – 양재 – 안산(상록수역)·수원역을 연결하며, D노선은 김포(장기역)—부천(종합운동장역)으로 이어진다. 가장 먼저 개통하는 A노선은 2024년 개통을 목표로 현재 막바지 공사 중에 있다.

A노선은 수도권 동남부에서 서북부를 연결한다. 동남부의 핵심도시인 화성, 용인을 서북부의 핵심도시인 파주, 고양과 연결하면서 서울 중심부인 삼성역과 서울역을 지난다. 이 구간에는 파주(운정), 킨텍스, 대곡, 창릉, 연신내, 서울역, 삼성역, 수서, 성남(판교), 용인(구성), 화성(동탄)역이 있다. 약 83.3km에 달하는 거리를 10개 남짓 역으로 연결하여 30여 분만에 도달한다. 지금까지 경험하지 못한 획기적 발상의 신개념 교통수단이다.

A노선은 기존의 경부축과 경의축의 만성적 교통난 해결을 위해 제안된 것이라고 보아도 된다. 경기도 서북부와 동남부를 가로지르는 파주~동탄 노선에는 기존 신도시를 포함해 건설 중인 신도시,

계획 중인 신도시만 해도 여러 곳이 있다. 운정신도시를 비롯해 일산신도시, 창릉신도시, 은평뉴타운, 판교신도시, 용인플랫폼시티, 동탄신도시 등이다.

정부 발표에 따르면 2024년 상반기 동탄~수서 구간이 먼저 개통되고 하반기에는 운정~서울역까지 개통될 예정이고, 2028년 내에 나머지 모든 구간에 열차가 달린다. 그렇게 되면 운정역에서 서울역까지는 18분, 동탄역에서 수서역까지도 18분이면 가능하다. 현재 자동차로 1시간 30분 걸리는 거리가 18분으로 줄어들기 때문에 실로 엄청난 변화가 나타날 것이다.

B노선은 4개의 GTX 중에서도 통행량이 가장 많을 것으로 예상된다. 경인축을 연결하는 노선으로 기존의 통행량을 분산시키는 역할을 할 것이다. 인천대입구, 인천시청, 부평, 부천종합운동장, 여의도, 서울역, 청량리, 마석 등 14개 역이 검토 중에 있고 전체 길이는 82.7km이다. 착공 시기는 당초 계획보다는 빠른 2024년이 될 것으로 전망된다. 인천대입구에서 서울역까지 27분, 여의도에서 청량리까지 10분, 인천대입구에서 마석까지 50분 도달을 목표로 설계 중이다.

C노선은 서울을 중심으로 남북을 가로지른다. 양주 덕정에서 수원까지 약 86.46km로 의정부, 창동, 광운대, 청량리, 삼성, 양재, 과천, 금정 등 10개 정거장을 지난다. 양주 덕정에서 삼성역까지 82분에서 27분으로 대폭 줄어든다. 또한 수원에서 삼성역까지는 26분이 예상된다. 2023년에 착공해 2028년에 개통되는 것으로 계획이 세워져 있다.

D노선은 김포 장기, 검단, 계양, 대장, 부천종합운동장을 연결하는 21.1km이다. 주로 검단신도시, 계양신도시, 대장신도시 등을 정차역으로 하면서 김포와 부천을 연결한다. 현재 예비타당성조사 중으로 아직 착공과 개통시기는 정해져 있지 않다.

1시간 30분에서 30분대로 단축

GTX는 노선별로 착공 시기와 개통 시기 등이 다소 다르다. 동시에 착공해서 빨리 개통하면 좋겠지만 현실적 여건에 따라 시기가 다른 것이다. B선은 재정구간은 이미 설계가 착수되었고(2023. 1), 민자구간은 우선협상대상자가 선정(2023. 1)된 상태다. C노선은 민자적격성 검토가 끝났고(2023. 2), 실시협약이 체결되어 착공 예정(2023. 하반기)이다. D노선은 2024년에 공사가 개시될 것으로 보인다.

개통 시기를 보면 A노선은 2024년이고, B노선은 2030년을 목표로 하고 있으며, C노선은 2028년을 예상하고 있어 2030년이면 수도권에 3개의 GTX가 달린다. 이후 D노선까지 개통되면 수도권의 획기적 변화가 있을 것이다. 주요 환승역에서 갈아타기가 잘 정비된다면 가히 교통혁명이라 할 만큼 효과가 크다. 출퇴근 시간이 1시간 30분에서 30분대로 줄어들면 그만큼 삶에 여유가 생기고 행복감도 커질 것이다.

4 | GTX와 함께
우리 삶도 변화된다

도로 중심에서 철도 중심으로

GTX가 일상화되면 어떤 분야에서 어떤 변화가 나타날까?

첫째는 인구 변화에 미치는 영향이다. GTX가 개통된다 하여 인구 총량이 늘어나거나 줄어들지는 않는다. 그러나 인구분포와 인구밀도에서 큰 변화가 나타난다. 그 이유는 GTX 노선과 정차역을 중심으로 도시 및 부동산 개발이 집중될 것이기 때문이다. 수도권에서는 무엇보다 직장과 가까운 것이 중요 요인이기 때문에 집을 선택할 때 빠른 이동을 최우선으로 고려한다. 이에 따라 GTX 노선과 정차역은 주거지를 선택할 때 더욱 중요한 요소가 될 것이다.

둘째는 수도권 교통시스템의 변화이다. GTX 노선과 정차역을 중심으로 교통이 바뀔 가능성이 매우 크다. 도로 중심에서 철도 중심으로 변화되는 것이다. 도로와 철도는 근본적으로 다르다. 도로는 인구와 토지 이용을 분산시키는 반면 철도는 인구와 토지 이용을 집중시킨다.

물론 도로와 철도 중에서 어느 것이 더 좋고 나쁘고의 문제가 아니다. 도로는 분산, 철도는 집중이라는 속성을 잘 활용하면 좋은 효과를 낼 수 있다. 현재 수도권 교통체계는 도로를 위주로 한다.

도로 교통이라 하면 승용차와 버스가 대표적이다. 선진국을 보더라도 도로를 확장해 교통 문제를 해결한 나라는 없다. 예컨대 LA와 같은 대도시도 전체 면적의 50% 이상이 도로, 주차장 등이지만 교통 문제를 속 시원하게 해결하지는 못했다. 결국 철도와 도로는 보완적 관계로 발전시켜야 한다. 어느 하나를 선택할 필요가 없으며 그렇게 강요해서도 안 된다.

부동산 개발은 GTX 정차역을 중심으로 변화

셋째는 부동산 시장의 변화이다. 부동산은 보통 주거, 상업, 산업용으로 크게 나눈다. 주거용은 아파트가 주도하고 있다. 상업용은 상가 등을 말하는 것으로 최근에는 산업용 부동산을 흡수하는 양상을 보이고 있다. 대표적인 것이 지식산업센터와 물류센터 등이다.

부동산은 토지와 주택으로 크게 구분되기도 한다. 토지는 부동산 개발의 필수 요소로 어느 것이 들어오느냐에 가장 큰 영향을 받는다. 주요 역세권에 가깝거나 고속도로 IC에 가까운 곳에 수요가 몰린다.

수도권의 부동산 개발은 수도권순환고속도로의 영향을 가장 많이 받았다. 제1순환도로, 제2순환도로를 따라 발전해 온 것이다. 이제는 GTX 노선과 정차역이 훨씬 더 큰 영향력을 가져올 것이다. 일

찍부터 지자체와 정부기관, 그리고 기업들의 토지를 선점하기 위한 물밑 경쟁이 이어져오고 있다.

철도와 같은 사회간접자본(SOC)이 부동산 시장에 미치는 영향은 절대적이라 할 수 있지만 중장기적으로 이루어지는 사업이기 때문에 시간을 고려해야 한다. 대부분의 개발이 그러하듯 GTX 건설도 크게 보면 계획 발표, 착공 시기, 준공 시기(개통 시기) 등에 따라 영향을 받는다. GTX는 이미 토지 시장에 영향을 미쳤다고 볼 수 있다. 다만 주택에 미치는 영향은 이후 지속적으로 나타날 것이다.

기업캠퍼스 활성화

넷째는 일자리 창출이다. GTX는 철도산업과 연관된 산업에 직접적으로 미치는 영향이 매우 크다. 철강, 전기, 통신, 건설, 서비스 등에서의 일자리가 창출될 것이다. 그보다는 GTX가 지역경제에 미치는 간접적 효과에 대해 살펴보아야 한다. 수도권 내에서도 GTX 정차역이 있는 도시에게는 좋은 기회로 작용한다.

대표적인 사례가 수도권 남부에 있는 판교 테크노밸리다. 서울 강남(테헤란로)에 있었던 정보통신 기업들이 판교 개발과 함께 이동성이 좋아지면서 대거 입주하게 된 것이다. 이동성 하나만 보고 이주했다는 분석은 무리가 있지만 그러한 기회를 가져다주는 촉매제 역할을 했다는 것은 부인하지 못한다.

구체적인 데이터를 동원하지 않아도 설명이 가능하다. 강남을 떠나 판교로 옮긴 기업들의 입장에서 보면 서울 수준의 기업 환경을 누릴 수 있으면서 임대료 등을 획기적으로 줄일 수 있었기 때문에 가능한 일이었다.

교외화 시대의 선진국에서도 쉽게 볼 수 있는 개념이 기업캠퍼스(Corporate Campus)이다. 중심지에서 비용이 급증하고 주변 교통 여건이 좋아지면서 도심에 있었던 기업들이 교외로 옮겨 넓고 쾌적한 공간을 확보하는 것은 자연스러운 현상이다. 대학 캠퍼스처럼 생산, 업무, R&D, 교육 및 연수, 여가 복지 등을 하나로 엮어서 제공한다는 면에서 '기업캠퍼스'라는 별칭을 얻게 되었다.

우리나라도 서울 중심의 고비용에서 벗어나 외곽으로 분산이 가속화될 것이다. 대표적인 기업캠퍼스는 수원 삼성전자를 들 수 있다. 1969년 라디오와 TV 생산라인을 세우면서 출발한 수원 공장은 3만 5000명이 일하고 있는 삼성디지털시티로 변모했다. 면적은 대략 축구장 250개를 모아놓은 것과 같다. LG도 최근 마곡에 LG사이언스파크를 세워 새로운 도약을 하고 있다. 이처럼 대기업의 기업캠퍼스는 한 도시의 발전에 큰 영향을 끼친다.

GTX 노선과 정차역이 있는 도시들이 준비를 잘하면 기업캠퍼스를 유치해 발전의 디딤돌이 될 수 있다. GTX가 개통되면 중장기적으로 수도권의 일자리 패턴이 지금과는 사뭇 다른 양상으로 변화될 것이다.

5 | GTX는 서울대도시권을 균형발전시킨다

국토의 균형발전은 '허브앤스포크'로

이제는 수도권의 인구 집중을 걱정하는 단계를 뛰어넘어야 한다. 걱정만으로는 아무것도 해결할 수 없다. 현실적으로 수도권의 인구 집중을 해결할 수 있는 묘안은 뚜렷하지 않다. 탁상공론에서 벗어나 실질적이고 합리적인 방안을 논의해야 한다. 하나의 계기로 삼을 수 있는 것이 바로 GTX이다.

우리나라 국토의 균형발전은 각 지역의 대도시를 중심에 놓고 고속철도로 연결하는 것이다. 가장 합리적 대안이 허브앤스포크(Hub & Spoke)이다. 최초로 우리나라에 이 개념이 도입된 때는 2000년대 초이다. 전국적으로 주요 KTX 역을 중심으로 대도시 경제권을 만들어 국토를 재구조화하려는 시도에서였다. 이 개념을 수도권에 적극적으로 적용시키면 된다. GTX 주요 정차역을 거점으로 육성하여 동서남북의 균형발전을 이끌어야 한다.

허브앤스포크는 세계적인 물류회사 페덱스에서 활용한 방식으로 자전거 바퀴를 떠올리면 된다. 허브(Hub)는 중심지이고 스포크(Spoke)는 주변으로 뻗어나가는 교통망이다. GTX와 연관시키면 허브는 GTX 정차역이고 스포크는 GTX 노선으로 보면 된다.

도시 입장에서 보면 주요 GTX 정차역을 중심으로 도심을 새롭게 할 필요가 있다. 스포크의 끝점에 해당하는 작은 중심지들이 허브에 연결되도록 하는 것이다. 이를 수도권에 적용하면 균형발전을 이룰 수 있다.

수도권이 아니라 이제는 '서울대도시권'

시민생활에 미치는 영향도 클 것으로 예상된다. 가장 큰 효과는 의식의 변화를 들 수 있다. 수도권에 거주하지만 변방에 산다는 의식에서 벗어나는 것이다. 30분 생활권으로 단축되면 진정한 의미에서 수도권은 하나의 생활권으로 묶이게 된다. 인(In)서울과 수도권이라는 인식의 차이를 넘어서는 것이다.

이 기회에 수도권이라는 다소 고루한 명칭도 바꾸어야 한다. 수도권이라고 하면 서울, 경기, 인천을 포함하는 말이지만 대부분의 사람들은 서울을 제외한 경기, 인천을 수도권으로 인식한다. 수도권과 비수도권, 수도권 인구 집중, 수도권 규제, 수도권 대학 정원 동결, 수도권 불바다 등 부정적 이미지가 짙은 것도 사실이다.

수도권은 영어로 'Seoul Metropolitan Area'이다. 직역하면 '서울대도시권'이다. 도쿄대도시권, 파리대도시권, 베를린대도시권, 뉴욕

대도시권, 베이징대도시권 등이 있듯 서울대도시권, 즉 서울메트로폴리탄을 고려해야 할 때다. 현재 서울의 범위를 지금보다 넓게 하고 세계적으로 성장한다는 의미가 담겨 있다.

그렇게 되면 서울에 집중되어 있는 도시 기능을 서울대도시권으로 분산시켜 균형발전을 이루어나갈 수 있다. 다시 말해 서울 일극 집중에서 벗어나 서울대도시권으로 다극 분산시키는 것이다. 이를 가능하게 하는 것이 바로 GTX이다.

이외에도 쇼핑과 여가, 그리고 문화 향유 등에도 긍정적 영향을 준다. 특히 GTX 개통 초기에는 서울로 원정 쇼핑이 일부 나타나겠지만 시간이 지나면 서울과 서울대도시권 모두 동반 성장할 것이다.

2장

KTX 교통 혁명은 어땠는가?

1. KTX는 우리에게 무엇일까?

2. KTX는 과연 빨대효과를 일으켰는가?

1 │ KTX는 우리에게 무엇일까?

세계 다섯 번째의 고속철도

KTX(Korea Train Express)는 한국철도공사(코레일)가 운영하는 고속철도를 말한다. 1992년 6월 30일 착공하여 2004년 4월 1일부터 운행이 시작되었다. 일본(1964), 프랑스(1981), 독일(1991), 스페인(1992)에 이어 세계 다섯 번째로 개설되어 우리나라도 고속철도 시대를 맞이하게 되었다. 중국은 2008년, 러시아는 2020년, 미국은 2022년에 고속철도를 놓았다.

지금 한국에서 살아가는 대부분의 사람들은 어렸을 때부터 기차와 전철에 익숙해져 있기 때문에 우리나라 철도가 얼마나 선진적으로 잘 되어 있는지 체감하지 못한다. 그러나 동남아시아 여러 나라, 남미의 여러 나라를 여행하다 보면 한국의 철도가 매우 잘 되어 있다는 것을 저절로 깨닫게 된다. 전 세계 220여 개 나라 중에서 한국보다 철도가 잘 되어 있는 나라는 일본을 비롯해 10여 개 나라에 불과하다. 이는 우리가 광복 이후 70여 년 동안 끊임없이 노력한 결과라 할 수 있다.

일제가 수탈과 전쟁 침략의 목적으로 개설한 철도는 한민족에 의해 평화와 번영의 철도, 행복의 철도로 새롭게 태어났다. 우리의 힘 (초기에는 프랑스의 도움을 받았지만)으로 개발한 KTX는 한국 철도의 자긍심이라 할 수 있다. 2023년 현재, 전국에 걸쳐 일반철도와 별개로 4개 노선이 있다. 경부선은 서울·용산-부산을 연결하고 경전선은 서울·용산-진주를 연결한다. 전라선은 용산-익산-여수EXPO를 연결하고 호남선은 용산-익산-목포로 이어진다.

코레일이 운영하는 KTX 외에도 민간회사에서 운영하는 SRT가 있다. 'Super Rapid Train'의 약자로 평균속도 305km/h를 유지하고 2016년에 개통되어 운영 중이다. 현재 2개 노선이 운행 중인데 서울 수서를 시작으로 부산과 목포를 연결한다.

KTX와 유사한 것으로 코레일이 운영하는 ITX도 있다. 'Intercity Train eXpress'의 줄임말로 도시 간 급행철도를 말하는데 기존의 새마을호 개량 버전과 용산과 춘천을 연결하는 ITX 청춘 노선이 운행 중이다.

KTX가 국토 공간에 미친 영향

KTX는 한국인의 삶에 어떠한 영향을 미쳤을까? 2004년 4월 1일 개통 이후 많은 연구들이 있었지만 명확하게 결론 짓기는 쉽지 않다. 19년이 지났으나 구체적인 분석 결과를 도출해낼 만큼의 데이터 축적이 아직은 미흡하기 때문이다. 분명한 것은 초기의 우려와 달리

KTX는 한국인의 삶에 긍정적 영향과 변화를 가져왔다는 점이다. KTX 계획이 발표되었을 때 일부에서는 "2시간 빨리 가기 위해 조 단위의 돈을 쏟아부을 필요가 있느냐?"는 반대 논리를 내세웠다. 그러나 결과적으로 우리는 KTX 덕분에 조를 훨씬 뛰어넘은 이익과 혜택을 보았다.

한국보다 고속철도를 일찍 도입한 일본만 보더라도 마찬가지다. 초기에는 일부 부정적 영향이 나타났지만 시간이 지나면서 긍정적 현상이 더 많이 나타났다. 단편적인 사례로 2015년 3월에 개통한 호쿠리쿠 신칸센(北陸新幹線)을 들 수 있다. 1997년 개통된 도쿄~나가노 구간이 가나자와(金沢)까지 추가로 228km가 2015년 3월에 연장되었다. 이후 호쿠리쿠 지방의 전통시장을 비롯하여 관광지에 많은 사람들이 찾고 있으며, 수도권에 본사를 두고 있던 기업들이 호쿠리쿠로 옮겨가면서 땅값이 상승하는 등 긍정적 경제효과가 발생했다(〈고속철도 개통이 지역경제 활성화에 미치는 영향에 관한 연구〉, 물류학회지, 2016년 vol.26, no.3).

2 | KTX는 과연 빨대효과를 일으켰는가?

기차는 지방의 역량을 약화시킬까?

KTX 개통과 관련하여 가장 뜨거웠던 논쟁 중 하나가 바로 빨대효과다. 다소 어감은 좋지 않지만 워낙 논란의 핵심이었던 주제라서 그냥 사용하고자 한다. 빨대효과(Straw effect)는 지리학, 도시학에서 고속철도나 고속도로, 공항 등 교통 인프라를 갖춘 대도시가 주변 인구와 경제력을 빨아들이는 현상을 말한다. 그 결과 대도시는 더욱 커지고 중소도시는 더욱 줄어들어 불균형이 심화되는 사회 문제이다.

빨대효과는 1964년 일본에 신칸센이 처음 도입될 무렵 생겨난 단어이다. 신칸센이 개설되자 도쿄나 오사카 등 대도시로 인구가 쏠리는 현상이 나타났다. 이를 두고 일부 언론에서 빨대효과라 부르기 시작했으며 오늘날까지 쓰이고 있다. 우리나라에서도 이 용어는 주로 고속철도의 부정적 효과를 말할 때 자주 사용되는 개념이고 실제로 고속철도 건설을 반대하던 사람들이 많이 사용했다.

지방도시 입장에서 보면 고속철도가 개통되면 수도권에 인구 집중이 심화되고 지방의 상권도 위축되어 지방의 경쟁력이 더욱 상실되기 때문에 나라 전반적으로 빈익빈 부익부(貧益貧 富益富)가 심화될 것이라고 우려했다.

과연 그러했을까? 연구 결과에 따르면 2004년 KTX 개통 이후 그 효과가 나타나는 2011년을 기점으로 비수도권으로 전출 인구가 수도권으로 전입 인구를 초과했고, 그 규모도 점점 늘어났다.

수도권 인구이동 추이

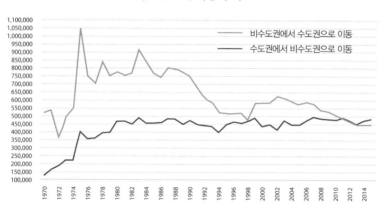

* 출처: 고속철도의 입지효과 및 개통으로 인한 수도권 인구집중 완화효과 분석, 허재완 외, 대한국토도시계획학회지, 2018년

수도권은 KTX 개통 이후 3.7%의 인구가 유입되었다. 반면 KTX 정차역이 있는 비수도권 도시는 인구가 12.37% 높아졌다. 이것은 당초 KTX가 수도권 인구를 집중시킬 것이라는 논란과는 다른 결과이다.

KTX는 지자체의 역세권 개발을 촉진시켰다

서울역에서 KTX로 1시간 이상 걸리는 도시를 살펴보면 변두리에서 도심으로 5.96% 더 많은 인구가 유입되었다. 단지 이를 KTX 효과로만 보기에는 무리가 있지만 그래도 시사하는 바가 크다. KTX는 수도권의 인구 집중을 완화시키는데 영향을 주었으며, 향후에도 그러할 것이라는 예측을 할 수 있다.

결론적으로 빨대효과는 지나친 기우였음이 밝혀졌다. 개통 초기에는 약간의 착시효과가 있을 수는 있어도 시간이 지나면서 그렇지 않다는 것을 알 수 있다. 고속철도가 개통되면 초기에는 지방의 역세권 개발이 이루어지지 않고 각종 시설도 부족해 당분간은 수도권으로 몰려간다. 그러나 시간이 지나면 오히려 수도권 인구가 지방으로 빠져나간다. 특히 KTX 정차역을 중심으로 다양한 시설들이 모여드는 흐름은 지자체가 역세권을 개발하는 바탕이 된다.

플로우 빅데이터로 분석한 연구결과를 살펴보자. 플로우 데이터란 신용카드와 핸드폰 사용 데이터로서 이를 활용하여 개인의 활동과 위치를 실시간으로 파악할 수 있다. 2017년 〈국토정책 Brief〉 제614호에 실린 자료를 통해 KTX 개통 이전과 이후의 변화를 알 수 있다.

첫째, KTX 개통으로 이동시간이 줄어들면서 활동공간을 압축적으로 이용하는 결과를 가져왔다. 경부·호남선에서의 압축효과는 22.4%(22,000km²)이다. 이 중에서 경부선이 16.3%이고, 호남선이 6.1%를 차지한다.

둘째, 외부에서 온 사람들이 증가하면서 KTX 개통 후 카드 사용

2부 GTX 교통 혁명이 가져올 변화

이 늘어났다. 신용카드 빅테이터로 분석한 결과 광주 사람들의 용산역 카드 사용액은 43.2% 늘어났고, 서울 사람들의 광주송정역 카드 사용액은 71.7% 증가했다. 단순 계산에 의하면 용산역보다는 광주송정역의 카드 사용액이 더 많이 증가한 것을 알 수 있다.

셋째, 정차역이 있는 도시의 활동 반경이 역 주변으로 집중되었다. 그 이유는 역 주변의 거주자가 늘어났고, KTX를 이용하는 사람들이 늘어났기 때문이다.

3장

GTX가 가져올 변화

1 | GTX와 수도권 인구·교통의 변화

1160만 명이 받는 혜택

어느 곳에 기차역이 생겼다 하여 갑작스레 인구가 늘어나지는 않는다. 그러나 시간이 흐르면 차츰 사람들이 모여들어 예전의 모습을 변화시킨다. GTX도 같은 역할을 하리라는 것은 쉽게 예상할 수 있다. 통근·통학·여행의 속도성과 편리성은 삶의 질을 높이고, 거주 안정성을 가져와 인구를 증가시킨다. 이는 약간 먼 미래의 일이지만 우선 GTX는 인구분포와 인구밀도에 큰 변화를 일으키게 된다.

GTX 건설과 신도시 건설은 밀접한 관계를 맺고 있다. 수도권에서 서울 중심지까지 30분 이내에 갈 수 있는 사람들은 현재 116만 명에서 330만 명으로 약 3배 정도 증가할 것으로 본다. 수도권에서 약간 멀리 떨어진 곳까지 확대하면 약 1160만 명이 서울 중심지까지 이동이 훨씬 더 빨라진다.

서울의 높은 집값을 감안할 때 빠르고 편하게 서울 중심지까지 갈 수 있다면 어떤 변화가 일어날까? 군이 서울에서 살려고 고집하지 않을 것이다. 물론 집이라는 것은 여러 요소들이 복잡하게 얽혀 있다. 교통을 비롯해 교육, 문화, 여가, 환경 등이 포함된다. 교통 하나만 가지고 판단할 문제는 아니다. 그러나 교통이 좋아지면 그만큼 주거 선택의 자유가 넓어진다. 이러한 현상은 이미 여러 선진국에서도 나타났다.

수도권에서 삶이 여전히 불편하게 여겨진다면 서울 집중은 가속화될 것이고, 불편한 조건들이 점차 나아진다면 서울 기능은 경기도로 분산될 것이다.

유독 인구증가가 예상되는 곳은?

2024년 GTX 개통을 앞두고 번창이 예상되는 곳은 수도권 남부의 화성시와 용인시, 서북부의 파주시이다. 세 도시는 GTX 시·종점역이다. 같은 GTX 정차역이라도 도시의 여건에 따라 영향을 받는다. 첫째는 시·종점이고, 둘째는 여유 있는 토지이고, 셋째는 그 도시의 대응 방법이다.

우선 시·종점과 관련해서는 GTX-A노선은 화성시 동탄역과 파주시 운정역이 해당한다. 출발역이면서 종착역이라 할 수 있다. 중간에 위치한 정차역보다는 시·종점에 위치한 역이 훨씬 더 영향을 받을 수밖에 없다.

토지와 관련해서는 신규 개발에 필요한 넓은 땅이 있느냐 여부이다. 서울이나 인천 등의 대도시는 토지 활용이 쉽지 않다. 새로운 시설을 세울 수 있고 넓은 주거지를 확보할 수 있는 것이 관건이다.

그런 측면에서 화성시와 파주시는 다른 도시들에 비해 토지 이용이 유리하다.

도시의 대응 방안에 따라서도 차이가 있다. 가장 대표적인 사례가 용인구성역이다. 이 역은 GTX 개통을 앞두고 이미 도시개발이 진행 중이다. 브랜드 이름은 용인플랫폼시티이고 규모는 약 2.74km²에 달한다. 용인시가 도농복합시의 단점을 극복하고 경제를 발전시키기 위해 힘을 쏟고 있는 경기 남부의 최대 역세권 사업이다. 가장 눈여겨볼 점은 플랫폼시티를 통해 용인 및 경기 남부의 교통플랫폼, 산업플랫폼, 생활문화플랫폼을 조성한다는 점이다. 이곳에서 사람들이 오르내리고 갈아타며 자유롭게 여기저기로 연결된다. 도시 전체를 연결하고 발전시킨다는 전략이다.

파주시도 용인시의 사례를 참고할 필요가 있다. 충분한 토지를 확보할 수 있는 GTX 차량기지가 파주 지역경제 거점 만들기의 해답이 될 수 있다.

수도권 교통에 미치는 영향

GTX가 개통되면 서울시와 경기도의 통행 패턴이 크게 변화할 것이다. GTX 4개 노선이 모두 개통되면 지금의 도로 중심에서 철도 중심으로 전환될 것이다. 왜냐하면 이동 시간 측면에서 GTX는 서울 중심지로 30분 내로 갈 수 있기 때문이다.

서울의 대표적 교통결절점인 서울역도 변화가 예상된다. 서울역은 이미 지하철 1호선과 4호선이 지나는데다가 경의중앙선과 공항

철도가 연결되어 있다. 여기에 GTX가 지나가면 서울 최대 환승역
이 될 것이다. 인천공항에서 철도를 이용해 강남을 가려면 기존에
는 공항철도로 김포공항까지 와서 지하철 9호선으로 환승하는 불편
이 있었지만 GTX가 개통되면 인천공항에서 서울역까지 와서 강남
삼성역까지 가면 된다. 그렇게 되면 서울역 이용 인구는 지금보다
훨씬 더 늘어날 것이다.

서울 서북부의 연신내역도 눈여겨볼 필요가 있다. 지하철 6호선
과 3호선에 GTX역이 생겨 3개 노선이 교차하는 환승역으로서 역할
을 하게 될 것이다. 인접한 은평뉴타운의 서울 중심지 이동시간도
대폭 줄어들게 된다.

GTX-A노선과 현행 지하철 구간 비교

구 간	현행 서울지하철	GTX A노선
연신내–서울역	11개역 거리 (3호선–종로3가–1호선)	1개역 거리
연신내–삼성	23개역 거리 (3호선–교대–2호선)	2개역 거리
연신내–수서	28개역 거리 (3호선)	3개역 거리
서울역–삼성	14개역 거리 (4호선–사당–2호선)	1개역 거리
서울역–수서	21개역 거리 (4호선–충무로–3호선)	2개역 거리
삼성–수서	7개역 거리 (2호선–선릉–분당선)	1개역 거리

* 출처: 〈내 손안에 서울〉, 시민기자 한우진.

강남 삼성역도 역할이 주목된다. 2호선이 지나가고 여기에 GTX
A노선과 C노선이 합류하면 서울의 남부, 서북부, 동북부로 연결도
가능하다. 또한 위례신사선이 들어오면 인근의 9호선과 함께 강남

최대 환승역으로 발전해 갈 것이다.

수서역도 새로운 변모가 불가피하다. 이미 고속철도(SRT)의 시발점이며, 지하철 3호선과 분당선이 교차하는 등의 교통 거점으로 발전하고 있다. 여기에 GTX까지 합류하면 더욱 중요한 역할을 하게 될 것이다.

서울과 경기도는 지하철 시대를 넘어 고속철도의 시대로 들어섰다. 고속철도가 운행되면 기존에 경험하지 못한 속도감과 승차감을 체험하게 되고 무엇보다 환승 시에는 빠른 이동이 뒷받침된다. 고속철도야말로 대도시의 네트워크를 실현하는 데 있어 가장 중요한 요소임에 틀림없다.

2 | 파주 시민의
통근 스트레스 해소

통근 스트레스는 전 세계적인 현상

조선시대 왕들은 경복궁 내의 강녕전(康寧殿)에서 주로 생활했다.
그리고 국가정무는 근정전(勤政殿)에서 보았다. 강녕전은 집이고,
근정전은 직장인 셈이다. 아침에 강녕전을 나서 근정전까지 가는
방법은 여러 가지가 있겠으나 걸어서 간다 해도 10분은 넘지 않을
것이다. 집에서 직장까지 출근 시간이 10분을 넘지 않았으니 조선
의 왕들은 통근시간에 대한 스트레스는 전혀 없었을 것이다.

1980년대 초반까지만 해도 집이 곧 일터인 곳이 적지 않았다. 집
앞쪽을 개조해 가게 혹은 식당을 만들고 안쪽은 살림집으로 사용하
는 것이다. 방문을 열면 곧 직장이 되는 것이므로 재택근무의 전형
이라 할 수 있다. 이러한 형태는 도시가 발전하면서 대부분 사라졌
으나 시골에 가면 여전히 이런 곳들이 눈에 띈다. 그러한 사람들에
게 통근시간이라는 개념은 사실상 없다고 보아야 한다. 즉 시간을
소비해야 하는 스트레스가 없는 것이다. 그러나 거의 대부분의 현

대인은 통근에 걸리는 비용과 고통 때문에 상당한 스트레스를 받는다.

이는 우리나라뿐 아니라 전 세계 대부분에서 일어나고 있다. 한국, 스웨덴, 영국의 연구를 살펴본 결과, 통근시간이 일정 수준을 넘어가면 삶의 질이 감소하는 것을 알 수 있다. 그러므로 통근 시간을 줄이고 통근 환경을 개선하기 위한 노력이 있어야 한다. 한국교통연구원 연구에 따르면 수도권 통근시간이 1시간인 직장인의 통근 행복상실가치는 월 94만 원 수준으로 나타나고 있다.

통근시간은 어떤 사람이 정기적으로 집과 직장을 오가는 데 걸리는 시간이다. 〈국가지표체계〉에 따르면 한국인의 평균 통근시간은 증가하고 있다. 2000년 28.4분에서 2015년 31.2분으로 2.8분가량 증가하였으나, 2020년에는 30.8분으로 소폭 감소하였다. 2000년에서 2020년 동안 통근시간이 1시간 이상인 사람의 비율도 14.5%에서 15.3%로 증가하였다. 다만 통근시간이 120분 이상인 경우는 2000년 1%정도에서 2020년에 약 0.2%정도로 크게 줄었다. 한국인의 통근시간은 OECD 국가들 중 가장 길다.

통근은 규칙적이고 반복적으로 이루어진다는 점에서 삶의 질의 한 단면을 보여준다. 그뿐 아니라 통근시간의 변화를 통해 직장과 주거지 간의 거리 변화, 업무지역과 주거지역의 변화, 토지 가격의 변화, 통근시간대 교통서비스 수준의 변화 등을 파악할 수 있다. 도시가 커지고 주택 가격이 오르면서 교외 거주자가 늘어나기 때문에 통근시간도 늘어날 수밖에 없다.

통근시간별 통근인구와 평균 통근시간

[단위: 1000명, 분/일]

구 분		2000	2005	2010	2015	2020
통근시간별 통근인구 (천 명)	전체	17,196	17,933	21,571	23,500	23,285
	15분 미만	5,154	5,621	5,472	5,794	5,116
	15–30분	4,417	4,881	6,169	6,035	6,162
	30–45분	4,548	4,369	5,829	6,383	7,104
	45–60분	585	602	727	1,055	1,334
	60–90분	1,838	1,815	2,411	3,159	2,602
	90–120분	452	455	680	762	927
	120분 이상	201	190	284	312	41
평균 통근시간(분/일)		28.4	27.5	29.6	31.2	30.8

* 출처: 통계청, 〈인구총조사〉
* 통근 인구는 12세 이상 인구 중 매일 또는 정기적으로 집과 직장(학교)을 오가는 인구임.

위 표에서 평균 통근시간은 2020년에 30.8분으로 나타났지만 12~18세 연령층이 집에서 가까운 학교에 다니는 학생층인 점을 감안하면 실제로는 45~50분 사이일 것이다.

국가별 통근시간 관련 연구 요약

한국	■ 서울시 직장인들의 통근시간과 행복 : 서울시를 대상으로 수행한 연구에서 통근시간의 증가가 통근자들의 삶의 만족을 떨어뜨리고 있는 것으로 나타났다. — 진장익 외, 《서울시 직장인들의 통근시간과 행복, 국토계획 2017》 ■ 국민 통근통행 부담 격차 완화 정책 방안 : 지역별 통근 부담지수와 주택가격과의 상관관계를 통해 통근부담과 소득수준과의 관계를 파악하였다. — 한국 교통연구원, 《국민 통근통행 부담 격차 완화 정책 방안》, 2012 ■ 수도권 통근시간과 행복상실 가치분석 : 통근시간이 1시간인 수도권 통근자의 행복상실의 가치는 월 94만원으로 분석되었다. — 〈한국교통연구원 보도자료〉, 2013. 9

2부 GTX 교통 혁명이 가져올 변화

스웨덴	스웨덴인 부부 약 200만 명의 삶을 10년 동안 추적하여 출퇴근 시간이 이혼에 미치는 영향에 대해 조사했다. 출근에 40분 이상 걸리는 사람은 통근하지 않는 사람보다 이혼율이 40% 더 높은 것으로 나타났다. — 〈트렌드경제〉, 2021. 4.27
영국	웨스트잉글랜드대학이 실시한 것으로, 5년 이상 통근을 한 영국인 직장인 2만 6000명 이상에 나타난 현상을 분석한 결과 20년 동안 1일 평균 통근시간(왕복)은 48분에서 60분으로 늘어났고, 7명 중 1명이 적어도 2시간을 소비한다. 또한 통근시간이 1분 증가할 때마다 직장과 개인 모두의 만족도가 저하되고 스트레스가 증가하여 정신건강이 악화되는 것으로 분석되었다. — 〈매일경제〉, 2017. 11. 5

통근시간을 줄이면 행복하다

일상적인 삶에서 행복의 요소는 여러 가지이다. 돈, 명예, 사랑, 자녀, 안락한 거주지, 건강…… 현대인에게 빠져서는 안 되는 것이 있다. 통근시간이다. 뜻밖의 요소라고 생각할 수 있으나 조사에 따르면 통근시간이 길수록 행복도가 떨어지는 것으로 나타났다. 심지어 이혼을 부르는 요인으로 작용하기도 한다.

스웨덴의 한 연구결과에 따르면 기나긴 통근시간이 이혼 위험성을 40%까지 높인다. 특히 남성보다는 여성이 더 어려움을 겪는 것으로 나타났으며, 장시간 통근을 시작한 초기 몇 년 안에 이혼할 가능성이 높은 것으로 파악됐다.

우리나라에도 통근시간이 삶에 미치는 영향을 분석한 연구가 적지 않다. 2023년 아주대병원 정신건강의학과 연구팀은 통근시간과 정신건강 간의 상관관계를 연구해 〈대한의학회지(JKMS)〉에 발표했다. 연구팀은 "통근시간이 길어질수록 근로자의 웰빙이 저하되는 것으로 나타났다"며 "이 같은 양상은 여성 근로자와 광역시 직장인에게서 더욱 두드러졌다"고 분석했다.

파주시의 통근시간(왕복)은 2018년 기준 113.5분이다. 우리나라 평균 58분을 넘는다. 이것을 행복상실가치로 환산하면 월 177.8만 원 수준이다. 다시 말해, 눈에 보이는 돈은 아니지만 통근으로 인해 행복가치가 줄어들고 이를 돈으로 따지면 월 177.8만 원이라는 뜻이다. GTX는 이러한 통근시간을 단축시켜 삶의 질을 높이고, 행복감도 올려주는 촉매제가 될 것이다.

2부 GTX 교통 혁명이 가져올 변화

3 | 주택 시장과
GTX 역세권에 일어나는 변화

GTX가 개통되면 수도권 주택 시장에도 얼마간의 변화는 불가피하다. 가장 먼저 주요 역세권 주변으로 이사하려는 사람들이 늘어날 것이다. 특히 서울 중심지에 직장을 둔 젊은층은 출퇴근이 편리한 GTX역 인근에 거주지를 마련하려 할 것이다. 물론 출퇴근에 들어가는 비용이 영향을 미치겠지만 어느 정도의 쏠림 현상이 나타날 것이다.

2001년부터 2019년까지 KTX 개통 이후 천안시의 주거이동 패턴을 분석한 연구결과가 이 같은 현상을 뒷받침해 준다. 2020년 〈한국주거환경학회지〉에 게재된 '지방도시 내 KTX 역세권으로의 주거이동 특성'(김형민 외)에 따르면, KTX 개통 이전에는 향후 개발에 대한 기대감으로 역세권으로 이동하고, 개통 후에는 편의시설 이용과 교통 편리성 등을 이유로 역세권으로 옮겨간다.

역세권으로 옮겨가는 동기는 연령, 소유 여부, 직업, 통근 지역 등에 따라 차이가 있다. 20대와 50대는 기존보다 좋은 위치와 환경 때문에 이주하였고, 30대는 신규 주택을 선호하여 이주하였으며, 40대는 이직 또는 직장 이전으로 이주하였고, 60대는 위치와 환경 그리고 주택가격의 상승을 기대하여 이주하였다.

자기 집이 없는 사람은 직장을 옮기면서 비자발적 이동이 많았고, 사무직은 좋은 위치와 환경에서 거주하기 위해 집을 이사하였다. 전문직과 경영관리직, 영업서비스직, 기술직은 직장 이전이 주요 요인이었다. 수도권으로 출퇴근하는 사람들은 KTX를 이용하기 위해 이전한 것으로 나타났다.

역세권에서 살아가는 사람들은 집을 옮길 때 역세권이라는 점에 큰 점수를 주었다. 집값의 상승 등 경제적 이유보다는 교통 편리성이 중요한 선택 요인이었다. 지방도시에서도 역에서 가까운 곳이 경제, 교통 측면에서 만족도가 높다. 즉 역에서 멀리 떨어진 곳에 신규로 택지를 개발하여 집을 공급하는 것보다는 역세권을 재개발하여 주택을 공급하는 것이 주거만족도를 높이고 인구를 정착시킬 수 있는 방법이다.

GTX는 서울 도심까지 출퇴근하는데 1~2시간 걸리던 것을 30분 이내로 단축하는 교통혁명이다. 굳이 비싼 주거비용을 들여 서울에 살지 않고 경기도 외곽에 살아도 무방하기 때문에 주택 시장에 새로운 변화가 불 것으로 기대된다.

GTX는 주요 정차역 인근을 크게 개발시킬 것이다. 실제 몇몇 곳은 GTX를 내세운 건물들이 준공을 앞두고 있다. 우리보다 고속철도를 먼저 경험한 유럽과 일본을 보더라도 주요 고속철도역은 교통, 상업, 문화, 오락의 중심지 역할을 하고 있다.

4 │ 일자리와 삶의 형태도 바뀐다

서울은 줄어들고 경기도는 늘어나고

GTX가 개통되면 서울에서 경기도로 출퇴근하는 사람들이 늘어난다. 지금까지와는 반대 현상이다. 서울을 중심으로 하는 고용 패턴에 획기적 변화가 예상된다. 2009년 경기개발연구원에서 발행한 〈GTX 건설과 경기도 공간개발 연계 전략〉(이상대 외)에 따르면 대기업들의 본사는 상징적으로 서울에 남되 인력 대부분이 경기도로 옮겨가는 양상이 나타날 것으로 보인다. 이는 선진 대도시권에서 이미 나타난 바 있다. 처음에는 주택의 교외화가 이루어지고 점차 기업들이 분산되면서 일자리의 교외화로 이어진다.

수도권이 더 넓어지면서 통근 범위도 지금보다 훨씬 더 넓어진다. 2023년 2월 통계를 보면 전국 1900만 명의 종사자 중에 서울은 467만 명, 경기도는 459만 명을 기록했다. 전체 인구의 24.5%가 서울에, 24.2%가 경기도에 일자리를 갖고 있다. 서울의 증가세는 줄어드는 반면 경기도의 증가세는 미세하게 상승하고 있다. 이 상승

세는 더욱 늘어날 것이다.

사업체 수의 분포 역시 서울은 점차 감소해가는 반면 경기도는 증가해가고 있다. 전국에 분포해 있는 6,075,912개의 사업체 중에서 서울은 1,187,013개, 경기도는 1,480,420개이다. 숫자로 보면 엇비슷한 상태이지만 경기도에 293,407개의 사업체가 더 많다.

수도권의 경제 중심지도 크게 변하고 있다. 전통적으로 4대문과 여의도를 중심으로 경제활동이 이루어졌으나 지금은 강남과 분당·판교로 확대되었다. GTX 개통은 경기도로의 일자리 이동을 가속화시키고, 교외에 새로운 고용 중심지가 형성되어 발전해 나갈 것이다.

4장

파주시의 변화와 대응

1 | 파주시는 어떻게 변할까?

'대도시특례'가 눈앞에 다가오다

파주의 인구는 2022년 5월 31일 50만 명을 넘어섰다. 그 전날인 5월 30일에 서울에서 살던 김○○ 씨 가족이 오후 4시경 금촌1동에 전입신고를 마침으로써 50만 명이 넘는 도시가 된 것이다. 전국 226개 기초지방자치단체 중 19번째, 경기도 지자체 중에서는 13번째로 인구 50만을 넘어서는 도시가 됐다. 이는 2013년 8월에 40만 명을 넘어선 이후 10년여만이다. 파주시는 1996년 3월 1일, 파주군에서 인구 17만 명의 도농복합시로 승격한 후 26년여 동안 꾸준히 발전하여 인구 50만 명을 넘어서게 된 것이다.

〈지방자치법〉은 인구 50만 명 이상의 지자체가 2년 동안 그 인구를 유지하면 '대도시'로 인정하여 도시계획 및 도시개발 권한을 대폭 이관한다. 종전의 경기도가 가지고 있었던 많은 권한들이 그 도시로 넘어간다는 뜻이다.

> **〈지방자치법〉**
>
> 제11장 서울특별시 및 대도시 등과 세종특별자치시 및 제주특별자치도의 행정특례
> 제198조(대도시 등에 대한 특례 인정)
> ① 서울특별시·광역시 및 특별자치시를 제외한 인구 50만 이상 대도시의 행정, 재정 운영 및 국가의 지도·감독에 대해서는 그 특성을 고려하여 관계 법률로 정하는 바에 따라 특례를 둘 수 있다.

나아가 〈지방자치법〉 제3조에 의거해 구(일반구)를 둘 수 있으며, 서울이나 부산처럼 시정연구원을 둘 수 있다. 즉 아직은 파주시에 없는 '파주시정연구원'을 설치할 수 있는 것이다.

대도시는 도(道)와 행정이 분리되지는 않지만 위임사무는 도가 아닌 중앙정부의 특별한 지시와 감독을 받고, 재정 및 인사권에서 독자적 권한을 가질 수 있다는 점에서 일반시보다 고도의 재량권을 가진다. 그동안 경기도가 행사해오던 도시관리계획 결정·변경, 용도지역·용도지구의 지정·변경 등 25개 법률 약 120개의 권한 및 사무를 직접 처리할 수 있게 된다.

도시계획 및 개발, 문화, 산업, 지적, 환경보전 등의 사무를 파주시 특성에 맞게 펼치게 되면 인허가 기간 단축, 신속한 민원 해결로 시민을 위한 행정서비스가 크게 개선될 뿐 아니라 대도시 기반 구축을 위한 각종 시설투자도 지속되어 미래를 더욱 착실히 준비할 수 있다. 시 운영의 권한을 독자적으로 지니게 되면 도시 발전의 디딤돌이 되어 파주는 50만을 넘는 100만으로도 성장할 수 있다.

50만 이상 대도시가 직접 처리할 수 있는 업무

- 지적측량성과 검사, 측량업 등록관리, 측량업자 지위승계 관리, 측량업의 휴업폐업 등 신고관리, 등록취소 시 청문과 과태료 부과징수
- 주택관리사 자격증 발급 및 자격 취소, 주택관리업자 교육
- 법률상 배출허용 기준보다 강화된 배출허용 기준 설정, 휘발성유기화합물 신고, 변경신고 접수와 휘발성유기화합물 배출시설을 설치운영하는 자에 대한 조업정지 명령
- 자동차관리사업에 관한 조례 제정
- 중소기업 협동화실천계획 승인과 단지조성사업 실시계획 승인
- 문화지구 지정, 관리와 과태료 부과, 징수
- 〈환경영향평가법〉 제42조에 따른 조례에 따른 환경영향평가 실시

파주가 주목받는 이유

2022년 1월 13일 경기도 수원·용인·고양시와 경남 창원시가 인구 1백만 명을 넘어서면서 백만특례시로 공식 출범하며 새로운 출발을 시작했다. 백만특례시를 제외한 50만 특례대도시는 전국에 14곳이 있다. 그중 경기도에서만 화성시, 성남시, 부천시, 남양주시, 안산시, 평택시, 안양시, 시흥시, 김포시 등 모두 9곳이다.

파주시는 이미 2022년 5월 말 50만 명을 넘어섰으나 이를 2024년 5월까지 2년간 유지해야 10번째 50만 특례대도시가 될 수 있다. 10곳 중에서 서울 북쪽에 있는 도시는 남양주, 김포와 파주뿐이다. GTX 개통으로 향후 파주의 발전 가능성이 매우 높다고 볼 수 있다.

GTX 개통과 함께 파주시는 커다란 변화가 예상된다. 먼저 도시

계획을 보면, GTX운정역 위쪽에는 약 3만m² 규모의 교통보행광장이 계획되어 있으며 양 옆으로 문화공원, 청룡 두천 수변공원 등이 조성되어 트리플 광장을 형성하게 된다. 인근 메디컬클러스터, 운정테크노밸리 조성 등을 통해 지금보다 한층 더 강화된 자족 기능을 갖추게 된다.

서울 변방의 한 촌락이었던 파주는 운정신도시 개발로 대도시가 되었으며 GTX 시·종착역이 됨으로써 무한한 발전의 도시로 자리매김했다. 철도와 고속도로, 일반도로 등 모든 교통이 파주의 삶의 질을 높여주고 있다. 2024년 GTX가 개통되는 날 파주는 대한민국에서 가장 살기 좋은 도시의 하나가 될 것이다.

2 | 운정신도시의 브랜드 가치 향상

문화, 산업, 자연을 갖춘 명품 신도시

GTX-A의 시·종착역인 GTX운정역은 운정신도시에 위치한다. 운정신도시는 크게 3개 지구로 나뉘어 추진되고 있다. 1, 2지구는 면적이 약 9.45km²에 이르며 계획인구는 12만 명에 달한다. 3지구는 면적이 약 7.2km²이며 계획인구는 10만 명이다. 1, 2, 3지구를 합하면 모두 25만 명이 넘기 때문에 파주 전체 인구의 절반에 해당한다. 2024년 말이면 GTX-A가 개통되어 훨씬 더 많은 사람들이 이사를 올 것이다.

운정은 문화, 자연적으로 좋은 여건을 갖추고 있다. 국내 최대의 책마을인 파주출판단지는 자동차로 10분이면 갈 수 있으며, 파주·고양 시민들의 사랑을 받는 심학산(尋鶴山)은 운정3지구의 초롱꽃마을 아파트에서 걸어서 20분 이내에 도달할 수 있다. 2023년 봄에 대규모 공영주차장(무료)이 완공되어 약 380여 대가 주차할 수 있다. 그 앞의 도로는 현재 4차선으로 확장 공사가 진행 중이다.

심학산 둘레길은 6.8km에 달해 천천히 걸으면 3시간 정도 소요된다. 산 중턱에 자리한 약천사(藥泉寺)는 1965년 동화사라는 이름의 작은 사찰이었으나 1995년 이후 불사를 건립하면서 사찰의 규모가 확장되었다. 2008년에 조성된 남북통일여래불좌상이 세워져 있는데 높이가 13m에 이르는 거대 불상이다. 산 정상에 올라 팔각정에서 바라보는 풍경도 일품이다.

GTX운정역은 새로이 만들어지는 역이다. 경의중앙선에 있는 운정역과는 다르다. 운정역에서 직선거리로 약 3.5km 떨어진 운정신도시에 위치한다. 이 역을 중심으로 대단위 상업시설이 꾸며진다. 상·하·좌측으로는 운정 3지구, 우측으로는 운정 1, 2지구가 있다.

오랜 숙원이었던 GTX역이 드디어 생김으로써 주민들은 기대와 환영을 보내고 있다. 이곳에 살던 주민들이 지하철을 타려면 버스를 타고 20분 정도를 가서 경의중앙선 운정역으로 가야만 했기 때문이다. 그러나 이제 걸어서 10분 이내에 GTX역이 생김으로써 교통 불편의 문제를 크게 해소하게 되었다. 파주 발전의 크나큰 동력이 되는 것이다.

운정 발전의 양대 축 ─ 테크노밸리와 메디컬 클러스터

파주 발전의 또 하나의 동력은 운정 테크노밸리이다. GTX-A 차량기지 인근에 2026년까지 조성을 완료한다는 계획이다. 연다산동 일원에 4.7km² 규모로 첨단·지식 산업 단지가 들어선다. 100여 개 가까운 기업에 약 5000여 명의 고용 창출 효과를 기대한다.

파주 메디컬 클러스터는 2022년에 경기도도시계획 심의를 통과했다. 운정역과 역세권으로 연결된다. 운정3지구 남서향에 위치한 서패동 일원의 4.5km²의 땅에 1조 5천억 원을 투입하여 조성한다. 종합의료시설로 아주대학교 파주병원(경기 서북부 거점병원 500병상 이상 규모), 국립암센터 혁신의료센터(연구시설 등), 의료바이오 R&D센터, 바이오융복합 단지(바이오랩) 등이 순차적으로 들어선다. 파주시는 국립암센터-아주대 병원-의료바이오 R&D센터-바이오융복합 단지를 연계한 세계적 수준의 의료 및 바이오클러스터 조성을 목표로 하고 있다.

3 | 운정테크노밸리가 첨단도시를 만든다

파주 발전의 새로운 동력, 운정테크노밸리

한때 실리콘밸리(Silicon Valley)라는 말이 엄청나게 회자된 적이 있었다. 지금도 미국의 실리콘밸리는 전 세계 IT 및 미래자동차산업의 핵심이지만 이 단어는 예전처럼 많이 사용되지는 않는다. 그 역할이 줄어서가 아니라 테크노밸리라는 단어를 더 많이 사용하기 때문이다.

아시아에서는 홍콩의 사이버포트(Cyberpor)가 가장 성공한 IT 산업 단지로 꼽힌다. 아시아 최초의 IT 신도시이며, 우리나라 판교테크노밸리의 모델이다. 1997년 홍콩이 중국에 반환된 후 홍콩 행정부는 경제 활성화를 위해 사이버포트 신도시를 건설했다. 2002년 시작되어 현재는 제5사이버포트까지 늘어났다. 일본에서는 오다이바(お台場) 테크노파크가 들어섰고, 중국에서는 선전과 광저우에 대규모 테크노밸리가 조성되었다.

우리나라에도 테크노밸리가 붙은 지역은 적지 않다. 광교테크노밸리, 삼송테크노밸리, 오송생명과학단지, 용인테크노밸리, 판교창조경제밸리, 동탄테크노밸리 등 여러 곳이다.

그중에서 두각을 보이고 있는 곳은 유명 기업들이 대거 자리 잡은 판교테크노밸리이다. 가장 큰 단점은 전철역과 밸리 사이가 멀다는 점이다. 전철(신분당선·경강선)을 이용하더라도 다시 마을버스를 타야 한다. 버스노선은 비교적 많음에도 출퇴근 시 쏟아져나오는 수많은 자동차들로 인해 시간이 적지 않게 걸린다. 이를 타개하기 위해 성남시 독자적으로 판교트램(노면전차)을 계획하고 있다.

파주는 최적의 테크노밸리 입주지

파주는 GTX의 시·종착역으로서 이러한 교통문제가 해결되는 최적의 도시이다. 차량기지 옆의 약 4.7km²의 땅을 개발해 서북부에 새로운 테크노밸리 건설을 추진 중이다. 이 계획은 2020년 12월 30일 국토부가 발표한 〈2021년 산업단지 지정 계획〉에 포함되어 확정되었다. 연다산동 차량기지 인근에 IT기업들을 입주시켜 일터와 삶이 공존하고, 첨단 일자리를 제공하는 자족형 도시로 발전할 수 있다.

2021년 산업단지 지정계획

연번	시도	시군	산업단지명	단지유형	지정계획면적(천m2)	산업용지면적(천m2)	사업시행자	비고
15	경기	화성시	정남2 일반산단	일반	128	85	㈜대현엔지니어링	
16			일진 일반산단	일반	412	289	일진전기㈜	
17		파주시	법원1 일반산단	일반	306	172	파주시	
18			운정테크노밸리	일반	473	298	파주시	신규
19		김포시	학운3-1 일반산단	일반	120	75	대원산업개발㈜	

* 출처: 국토교통부, 2020년

GTX 차량기지에 연접한 운정테크노밸리는 향후 파주의 발전에 커다란 영향을 미칠 것이다. 파주의 자족 기능 향상을 위해 직주근접이 가능한 위치에 도시첨단산업단지를 조성하는 사업이다.

GTX 차량기지와 연계하여 일자리를 만들어내는 일종의 생산기지를 조성하고 궁극적으로는 향후 남북 교류의 진전에 따라 남북경제협력의 전진기지로 활용될 수 있다. 4.7km^{2}의 땅을 평화경제특구로 활용하는 것도 큰 의미가 있다.

가장 중요한 것은 일자리 창출이다. 차량기지 주변은 판교 혹은 동탄과 마찬가지로 대규모 테크노밸리로 조성할 수 있다. 차량기지 주변은 미개발지가 많아 넓은 토지를 활용할 수 있기 때문이다.

4 | 의료의 빛, 파주 메디컬클러스터

혁신의료연구 + 바이오 융합단지

파주에 새로운 종합의료단지가 들어선다. 공식 명칭은 '파주메디컬클러스터'이고 조성 목적은 '지역 거점 종합의료시설 및 4차산업 기반 구축'이다. 위치는 파주시 서패동 432번지 일원이며 면적은 4.5km²이다. 계획 인구는 8000~9000명에 달한다.

사업 방법은 〈도시개발법〉 제21조에 의한 토지의 수용·사용 방식으로 진행되고, 시행자는 파주메디컬클러스터㈜이다. 공공기관인 파주도시공사가 50% 이상 지분을 가지고 참여하고 있다.

전체 면적 4.5km² 중에서 핵심인 혁신의료연구단지와 바이오융합단지가 28.9%를 차지한다. 도시기반 시설은 의료시설과 공원녹지, 주차장, 도로, 학교 등 전체 면적 중 40.1%이다. 주거를 위한 아파트도 대규모로 들어선다.

보건산업진흥원은 〈보건산업브리프 Vol. 382〉에서 국내외 바이오메디컬 클러스터를 소개했다. 바이오메디컬 클러스터는 병원이 중심축이 되어 대학과 연구소, 제약기업, 바이오벤처(스타트업)와 이들을 지원하는 기업 간에 상호작용이 이뤄지는 결합체이다. 대표적인 클러스터로 국내에는 서울 바이오메디컬 클러스터(홍릉)가 있고, 해외에는 보스턴 바이오텍 클러스터가 있다.

우리에게 널리 알려진 메디컬 클러스터는 충북 청주 오송읍에 있는 오송생명과학단지이다. 오송역은 과거 한적한 간이역이었다. 1974년에 폐역이 되기도 하였으나 고속철도 시대가 열리면서 새로운 전기를 맞았다. 2010년 경부고속철역이 되었고 2015년에는 호남고속철도의 분기역이 되었다. 2015년부터 생명과학단지가 조성되어 바이오, 제약기업들이 대거 입주했다. 1·2생명과학단지와 첨단의료복합단지에 300여 곳의 기업, 연구·지원시설이 자리잡고 있다. 2030년에는 제3생명과학단지가 준공될 예정이다.

파주의 메디컬클러스터는 다른 지역보다 더 좋은 지리적 이점을 지니고 있다. 서울 중심지에서 GTX로 30분밖에 걸리지 않는 거리, 맑은 공기와 자연은 메디컬클러스터의 최적의 조건이다. 주요 유치시설로는 국립암센터와 아주대학병원이 예정되어 있다. 두 시설이 들어오면 관련 유관 업종들이 하나의 의료산업 생태계를 형성할 것으로 기대된다. 또한 수도권 서북부의 종합의료 서비스가 가능하다는 것도 큰 장점으로 꼽힌다.

파주가 향후 오송에 이어 국내 2번째로 큰 의료바이오 단지로 발돋움할 날을 기대해본다.

5 │ 파주시는 GTX를 어떻게 활용할 것인가?

GTX 노선을 유치했으니 그것으로 충분할까? 많은 지자체들이 GTX를 유치하려고 백방으로 노력하고 있지만 일단 유치하고 나면 이후부터는 무엇을 어떻게 해야 할지 손놓고 있는 경우가 많다.

그러나 모든 GTX 정차역이 번화가가 되는 것도 아니고 나아가 그 도시가 갑작스레 발전하는 것도 아니다. 주변의 상황과 지자체의 대응 전략에 따라 효과가 달라지기 때문이다. GTX 유치를 위해 노력하는 것도 중요하지만 이후에 어떻게 대응할 것인가가 중요하다.

파주시는 할 일이 많다. 우선 GTX운정역과 차량기지를 중심으로 도시 교통을 전면적으로 다시 짜야 한다. 운정신도시 어느 곳에서든 15분 내 GTX운정역에 도착할 수 있는 교통체계를 구상해서 실현시켜야 한다. 이를 위해서는 버스 노선을 획기적으로 개편해야 하고 운정역에는 택시, 자동차 등을 위한 환승센터를 갖추어야 한다.

이를테면 파주의 모든 버스 노선은 GTX운정역을 중심으로 개편 되어야 하고 이를 위해 파주시는 가칭 'GTX 셔틀 버스'라는 새로운 서비스를 만들어내야 할 책임이 있다. 또한 GTX운정역을 파주의 중심지로 조성하고 키워야 하는 책임도 있다. 도시계획 행정역량을 발휘하여 총체적으로 접근해야 한다.

3부

GTX 교통 혁명과
파주의 미래

1장

GTX운정역 역세권 개발과 성장거점 육성

1 | 경의중앙선 야당역이 보여준 성공 사례

경의선에 또 하나의 역이 필요해진 이유

경의선(京義線)은 한민족의 역사와 아픔을 그대로 간직한 철로이다. 일제 치하에 경의선 역은 문산, 금촌, 일산, 수색 4곳뿐이었다. 1960~1970년대부터 서울의 발전으로 인구이동이 가속화되어 파주와 고양 등 교외에 신도시 및 택지가 개발되면서 경의선을 타는 사람들이 급증했다. 인구와 주택, 기업체가 늘어나면서 역들도 정비례로 증가했다.

광복 이후 화전역(1954)−운정역(1956)−파주역(1965)−백마역(1966)−곡산역(1967)−강매역(1974)−대곡역, 행신역(1996)−월롱역(1998)−탄현역(2000)−임진강역(2001)−도라산역(2002)−금릉역(2004)−풍산역, 디지털미디어시티역(2009 강매역 폐역 후 2014년 재개통)이 차례로 문을 열었다. 60년 동안 15개의 기차역이 신설되었으니 서북쪽으로 인구 이동이 대폭적으로 증가하였음을 알 수 있다.

경의선은 1976년부터 장기간의 복선전철화 공사를 거쳐 2009년

7월 서울역~문산역을 수도권 전철로 개통했다. 일반기차가 아니라 전철이 된 것이다. 2014년에 용산선 철도 지하화 및 복선전철화 공사가 완료되어 경의중앙선으로 이름이 바뀌었다.

서북쪽으로 더 이상 전철역이 필요 없을 것 같았던 경의중앙선에 또 하나의 역이 필요해지게 되었다. 바로 야당역이다. 그러나 어느 지역에 인구가 늘어난다는 이유만으로 전철역을 곧바로 지을 수는 없었다.

경의선 일평균 승·하차 인원 현황(2023년 1~6월)

단위: 명

순번	역	승차인원	하차인원	승하차 전체 인원
1	일산	9,335	9,109	18,444
2	야당	8,100	8,243	16,344
3	행신	7,921	7,933	15,854
4	탄현	7,574	7,161	14,735
5	운정	6,770	6,255	13,026
6	백마	6,636	6,320	12,957
7	금촌	6,485	6,358	12,844
8	풍산	5,548	5,244	10,792
9	문산	5,205	5,170	10,375
10	금릉	5,096	4,927	10,023
11	능곡	3,916	3,582	7,499
12	강매	3,138	2,729	5,868
13	화전	2,482	2,331	4,814
14	월롱	2,361	2,118	4,479
15	파주	1,304	989	2,293
16	곡산	588	607	1,196
17	임진강	32	27	59
18	운천	6	5	11

* 출처: 한국철도공사 광역철도본부 광역계획처

우선 해결해야 할 과제는 야당역 건설

야당(野塘)은 '들에 있는 연못'이라는 뜻이다. 이곳에 연못은 없지만 한강의 지류인 소리천이 흐른다. 이 소리천을 기준으로 왼쪽은 야당마을이고 오른쪽은 운정신도시이다. 운정에 대단지 아파트가 들어서면서 인구가 많아지고 서울로의 통근·통학 수요가 급증했으나 교통편은 상당히 불편했다. 버스를 타고 운정역이나 탄현역으로 가서 경의선 전철을 타고 서울로 가는 것이 그나마 최선의 선택이었다. 이에 주민들은 야당에 전철역을 만들어 줄 것을 요구했다. 비용도 이미 마련되어 있는 상태였다. 그러나 책임을 맡은 LH공사는 5년 후에나 가능하다는 입장을 내놓았다.

갑론을박이 치열하던 때 나는 2012년 제19대 총선에 다시 출마했다. 2008년 제18대 총선에서 고배를 마신 지 4년 만의 재도전이었다. 그때 내건 공약은 크게 6가지였는데 1번으로 '교통문제 해결'을 내세웠다. '야당 역사 연내 착공'도 포함되었다.

제19대 총선에서 당선된 후 언론과의 인터뷰에서 "사람 사는 세상을 시민과 함께 만들어가겠다"고 약속했다. '사람 사는 세상'은 평범한 사람들이 일상에서 불편 없이 공정하게 자신의 뜻을 이루어가는 세상이라 생각했다. 일상의 불편을 없애주는 것이 정치인의 소임이고, 우선 해결해야 할 과제 중 하나가 야당역 건설이었다.

승객이 적어 손실이 발생하면?

그러나 역 건설은 쉬운 과제가 아니었다. 이미 계획은 잡혀 있었으나 추진이 지지부진했다. 인구가 늘어나고 역에 대한 수요가 급증하자 운정 남동쪽 한빛마을 인근에 야당역의 신설이 확정되었다. 2013년에 신설 협약을 맺어 2017년에 완공되는 것으로 계획되었다. 역을 짓는 업무는 LH공사의 책임이었다. 그런데 LH공사는 운정3지구가 5년 후에 입주하므로 그때 야당역을 짓겠다고 했다. 당장 필요한 주민들을 외면한 채 미래 주민들을 위해 전철역을 짓는 것은 합리적이지 못했다. 이 문제를 타개하기 위해 야당역 조기 착공 활동에 들어갔다.

나는 총선에 출마하기 전인 2011년부터 야당역 추진위원회와 간담회를 갖는 등 주민 의견을 모아 LH공사에 전달했다. 또한 〈야당역 조기 추진에 대한 윤후덕의 생각과 입장〉을 발표했다.

저는 원래 파주군 교하읍 와동리 사람입니다. 지금은 운정1동 사람이구요. 어려서 경의선 열차를 타고 수색, 모래내, 신촌, 서부역을 오가며 자랐습니다. 경의선이 서울로 가는 거의 유일한 교통수단이었던 때에 이곳에서 성장했습니다.

통근도 통학도 경의선 기차로 했지요. 그래서 어려서는 통근열차, 통학열차라고 했습니다. 야당역 신설이 운정3지구의 광역교통대책에 포함되어 있는 사업이라는 것은 다 아시는 사실이지요. 그리고 LH공사가 시행자로서 자금(270억 원) 부담의 주체로 확정되어 있는 것도 모두 아시는 이야기고요.

야당역 신설은 시행 시기가 2017년으로 수정되었답니다. 문서로 확인한 것은 아닙니다. 전화 통화로 확인한 것입니다. 그것이 사실이라면, 이제부터 움직여야 합니다. 조기 착공을 하게 해야 합니다. 2017년에 준공하면 늦는 것 아닙니까?

우리의 주장은 야당역 추진이 아니라 야당역 조기 착공이어야 합니다. 야당역이 조속히 신설되고 경의선 전철이 실질적으로 운정신도시의 주력 교통수단이 되어야 합니다. 교통은 교육과 함께 지역을 발전시키는 가장 중요한 인프라입니다.

— 2011년 11월 3일 민주당 파주지역위원장 윤후덕

이어 제19대 총선에 출마한 2012년 2월, 야당역 조기 착공을 강력히 주장했다.

1. 야당역은 접근성이 뛰어납니다: 가장 가까운 한빛마을 8단지에서는 걸어서 8분 거리입니다. 야당리 주민들은 가뜩이나 교통이 열악한데 야당역이 신설되면 그야말로 교통난도 해소되고 불균형발전으로 인한 불이익을 다소나마 해소하게 되는 숙원사업이지요. 야당역은 성공을 예약하고 있는 역사입니다.

2. 소요재원이 확정 확보된 사업입니다: 야당역 신설은 운정3지구의 광역교통개선 대책의 하나로 확정되어 있는 사업입니다. 운정3지구가 천신만고 끝에 정상화됨으로써 살아난 사업이지요. 소요재원은 270억 원인데 전액 LH공사가 부담하게 확정되었습니다.

3. 계획보다 2년을 앞당겼습니다: 2012년에 착수해서 2015년까지 완

공하는 계획입니다. 당초 경기도 계획에 2017년으로 계획되어 있었던 것을 시민조직인 야당역추진위원회가 정말로 열심히 노력해서 2년을 앞당겼습니다.

나에게 주어진 여러 임무 중 시급한 것은 야당역 건설이었다. 그러나 100년 앞을 내다보고 건설되는 역일뿐더러 많은 비용이 들어가는 공사였기 때문에 추진이 가시화되지 못했다. 국토부는 역 건설이 필요하다는 것은 알고 있었으나 운영손실을 누가 부담할 것인가를 두고 논란이 계속되었다. 승객이 적어 손실이 발생하면 누가 부담을 지느냐가 문제였다.

새로운 협약 모델을 선보인 '야당역 신설 협약서'

이에 대해 나는 2013년 1월 31일 국회 국토해양위원회 질의를 통해 야당역 신설에 국토부 장관이 적극 나서줄 것을 요청했다. 〈대광법〉에 국토부 장관의 의무와 권한이 함께 규정되어 있는 만큼 야당역 신설에 국토부 장관이 나서야 한다고 촉구한 것이다.

국토해양부 장관은 경기도지사가 제출한 '파주운정3지구 택지개발사업 광역교통개선대책'을 2012년 12월 14일 확정했습니다 (⋯) 그런데 경의선 추가 역사, 즉 야당 역사 신설이 관련 기관 간의 의견 조율이 되지 않아 어려움에 처해 있습니다. 이 사업은 시행 주체가 한국철도시설공단으로, 재원부담 주체가 운정3지구 택지개발사업의 시행자인 LH공사로 '광역교통개선대책'에 규정되어 있습니다. 그리고 사업비는 270억 원으로 책정되어 있습니다. 그런데 문제는 추가 역사, 즉 야당역사가 신설된 이후 발생할 수도 있는 운영 손실에 대해서는 누가 부담해야 하는지에 대해서는 아무런 규정도 없습니다. 그리고 관련 법 어디에도 그에 대해서는 아무런 규정이 없습니다. (…) 따라서 국토해양부 장관은 자신이 확정한 '파주 운정3지구 택지개발사업 광역교통개선대책' 중 경의선 추가 역사, 즉 야당역사 신설을 위해 적극적으로 나서서 관련 기관의 의견을 조율하여 이 대책이 이행될 수 있도록 해야 합니다.

뿐만 아니라 4월 9일, 5월 23일 등 고비 때마다 세종시로 내려가 여형구 제2차관을 만나 야당역 신설에 국토부가 적극 움직일 것을 촉구했다. 이러한 노력이 바탕이 되어 국토부는 5월 9일 종합교통정책관 주재로 야당역 신설을 위한 제1차 정책조정실무회의를 세종시에서 열었다. 회의에는 국토교통부 투자심사담당관, 신도시택지개발과장, 도시광역교통과장, 광역도시철도과장 등 관련 부서장이 모두 참석했고, 한국철도공사, 한국토지주택공사, 한국철도시설공단 등의 실무책임자들도 참석했다.

5월 16일에는 국토부 담당 과장 주재로 경기도청 광역교통팀장, 파주시청 교통정책팀장, 철도시설공단 광역·민자철도처장, LH공사 신도시사업처장 등이 참석하여 제2차 정책조정실무회의를 열어 야당역 수요 증대 방안을 확정했다.

1. 파주시: 야당역 경유 버스 노선 확대, 기존 노선 연장
2. KORAIL: 급행열차 운행(야당역 정차 여부 등) 체계 검토
3. 철도시설공단: 역사 신설 시 부속주차장(약 3,000㎡ 소요), 고객편의시설 및 역 운영 효율 제고를 위한 시설* 등을 포함하여 설치
4. LH: 부속주차장 부지 공급(철도시설공단에 매각)을 위한 토지이용계획 변경(녹지→철도용지, 신도시택지개발과·경기도·파주시 협조) 등

———
* 승강장 홈지붕, 플랫폼 스크린도어, 소방원격 조명, 비상인터폰 등

5월 23일에는 제3차 실무회의를 열어 기관들 사이에 합의된 '야당역 수요증대 방안'을 적극 추진하는 대신 영업손실 부담에 대한 내용은 협약서에 포함시키지 않기로 결정했다. 국토부는 합의 내용을 정리하여 5월 28일 '경의선 야당역 정책조정 결과'를 관련 기관에 보냈다.

드디어 7월 10일 나의 주재로 국회 의원회관에서 '경의선 복선전철 야당역 신설 협약서 체결식'이 열렸다. 체결식에는 협약의 3주체인 한국철도시설공단, 한국철도공사, 한국토지주택공사를 비롯하여 야당역 수요 증대 방안을 함께 합의한 파주시청이 참여했다.

이날 체결된 '경의선 야당역 신설 협약서'는 그동안 없었던 새로운 협약 모델을 선보였다는 특징이 있었다. 운영손실을 누가 부담할 것인가를 대신하여 수요 증진 방안에 대하여 합의를 했다는 점이다.

야당역 수요 증대 방안

방 안	세 부 내 용
버스노선 개편	● 버스 노선 연장 및 확충(파주시) 　– 마을버스: 연장(8개 노선 20대), 확충(5개 노선 15대) 　– 시내버스: 경유노선 확대(6개 노선→13개 노선) ● 출퇴근 시간대 버스노선 집중 배치(파주시) 　– 10~15분대 배차 간격을 5분대로 단축
환승연계 체계 강화	● 버스·택시 정류장 설치계획 조정(LH, 파주시, 철도시설공단) 　– 택시 대기 공간 등 마련 ● 자전거도로 네트워크 구축(철도시설공단) 　– 운정지구 내 기 설치된 자전거도로와 연결 　– 자전거 주차장은 역사 부속주차장과 연계 설치 　* 소리천변 자전거 보관소 설치 운영
이용객 편의 증진	● 소리천 횡단 주차장 진입도로(보도교 포함) 확보(철도시설공단) ● 급행열차 운행체계 검토(KORAIL) 　– 야당역 정차 여부 등 ● 고객대기실, 역사 진입로 캐노피 등 설치(철도시설공단)
역사 운영 효율화	● 승강장 홈지붕, 플랫폼 스크린도어, 소방원격 조명, 　비상인터폰, 스크린도어 방식 게이트 등 설치(철도시설공단)

운정신도시 최대의 번화가로 자리 잡아

협약식 체결 후 LH공사는 2013년 8월 실시설계에 들어갔다. 1년 6개월 후인 2015년 4월 역사 상량식이 거행되었고, 10월 31일 개통했다. 운정 주민들이 한마음 한뜻으로 노력한 결과 오랜 숙원을 이루어낸 것이다. 개통 초기에 승객은 그리 많지 않아 쓸쓸한 간이역이 되는 것은 아닌가 우려가 들 정도였다. 그러나 그 우려는 기우에 불과했다. 1년도 지나지 않아 야당역은 급발전하는 역이 되었다.

원래는 급행열차가 정차하지 않는 역이었으나 2021년 1월 5일 부터 야당역에도 모든 급행열차가 정차한다. 그만큼 승하차 인원 이 늘어났기 때문이다. 경의선 18개 역 중에서 가장 늦게 지어졌으 나 2023년에 승하차 인원 2위로 올라섰다. 2015년 일평균 이용객은 4,433명에 불과했으나 2023년 6월 평균 16,344명으로 늘어나 경의 중앙선 전체 58개 역 중에서 7위에 올랐다.

야당역은 현대적인 외관과 시설을 자랑한다. 비록 이용 승객 수에 비해 대합실이 조금 작다는 점이 아쉽지만, 305대를 세울 수 있는 환 승주차장이 2022년 완공되면서 이용객 편의가 크게 증대되었다.

야당역의 또 다른 장점은 역 바로 앞에 소리천이 흐르고 그 앞에 대단지 상가가 자리하고 있다는 점이다. 운정신도시 최대의 상권이 다. 막 개통되었을 때는 콩나물국밥집이 있는 허름한 건물 한 채밖 에 없었으나 개통 직후 우후죽순처럼 상가들이 들어서 번창하고 있 다. 병원, 패션, 일상용품, 문화용품, 먹거리촌, 프랜차이즈 업체들 이 입주해 호황을 누리고 있다. 운정 주민들뿐 아니라 인근 도시에 서 원정을 올 정도로 성황 중이다.

야당역은 적합한 곳에 지어진 역 하나가 상권을 얼마나 발전시키 고, 나아가 그 도시 전체를 번영시킨다는 실례를 여실히 보여주는 곳이다. 그 번영의 열매는 2년이나 앞당겨 야당역이 건설되는 데 뜻 을 합쳐 노력해온 주민들에게 온전히 돌아갈 것이다.

2 | 철도가 이끄는
도시의 변화

모든 길은 철도역으로 향해야 한다

야당역 사례가 보여주듯 철도역은 단순히 열차를 타고 내리는 곳이 아니다. 철도역은 사람들이 만나고, 모여서 다양한 활동을 하는 장소, 즉 라이프스타일의 중심지이다. 역사적으로 보더라도 일찍이 사람이 지나는 곳에 길이 생기고, 길과 길이 만나는 곳에 시장이 형성되고 도시가 만들어졌다.

"모든 길은 로마로 통한다"는 말은 로마제국의 번영을 단적으로 보여주는 표현이다. 그 시대에 유럽의 모든 촌락과 마을들은 로마로 향해 있었다. 로마는 전 세계로 뻗어나갈 수 있는 길을 만들어 세계의 중심 도시가 되었다는 것은 잘 알려진 역사적 사실이다. 로마시대뿐 아니라 지금도 길은 국가의 발전과 인류의 삶, 경제에 큰 영향을 끼친다.

현대에 들어 그 길은 철도로 확장되었다. 철도가 늘어날수록 국력이 증가하고 경제가 활성화된다. 그런 만큼 "모든 길은 철도역으로 향해야 한다"는 것을 실현시켜야 한다. 철도 이용객을 늘리기 위해서는 역에서 5~6분 거리에 대단위 시설이 있어야 한다. 이를 위해 철도역 반경 500~600m에 고밀도의 복합개발을 추진하여 주택, 사무실, 각종 상업문화시설들을 집중 배치하는 것이 중요하다.

철도역은 그 도시의 생활 중심지

철도역을 동네의 상점 거리로 변화시키면 어떻게 될까? 역 안에 식당, 편의점, 병원, 서점, 세탁소, 이발소, 문화센터 등을 입주시키는 것이다. 지금도 모든 철도역 안에 기본적인 시설이 있지만 이를 확장하는 것이다. 철도역을 단순히 열차를 타고 내리는 곳이 아니라 사람들의 일상에 필요한 소비를 할 수 있는 라이프스타일 허브가 되도록 해야 한다.

가령 아침에 출근할 때 철도역에 있는 세탁소에 세탁물을 맡기고 퇴근할 때 찾아서 집으로 가져올 수 있으면 얼마나 편리할 것인가? 철도역 유아원이나 유치원에 아이를 맡기고 퇴근 때 데리고 올 수 있으면 얼마나 좋을까?

최근 고령자의 무임승차에 대한 논의가 한창이다. 고령자에게 요금을 면제해주기 때문에 철도 적자가 더 커지므로 70세로 올려야 한다는 의견이다. 한편 고령자에게 무료승차를 허용하여 자유롭게 다닐 수 있도록 함으로써 건강을 유지하고 소비를 촉진시켜 경제 활성화에 도움이 된다는 의견도 있다.

이제 고령자 무임승차는 역발상이 필요하다. 철도역에 고령자들이 이용할 수 있는 각종 시설들을 배치하여 지역경제 활성화로 이어지도록 하면 단순히 요금을 받는 것보다 더 큰 경제적 효과를 가져올 수 있다. 이처럼 철도역은 지역경제에서 중심지 역할을 할 수 있는 곳이다.

3 | GTX운정역은 파주의 새로운 성장거점

고밀도 복합개발을 통한 콤팩트시티 만들기

GTX운정역이 확정되어 파주 발전을 위한 필요조건은 갖추어졌다. 그러나 이것만으로 파주의 경제를 활성화시키고 장래 발전을 이끌 수는 없다. GTX운정역을 중심으로 역세권을 멋지게 조성할 때 파주 발전을 위한 충분조건이 갖추어지게 된다.

그렇다면 어떻게 역세권을 개발하고 나아가 성장거점을 키울 것인가? 성공을 위한 핵심 요소를 꼽아보면 몇 가지로 정리할 수 있다.

첫째, 콤팩트(Compact)와 네트워크(Network)이다. 철도역을 중심으로 고밀도 복합개발을 하여 콤팩트시티(Compact City)를 만들어야 한다. 그리고 철도역과 주변 지역을 원활하게 교통 네트워크로 연결시켜야 한다. 이렇게 하여 철도역과 주변 지역이 동반 성장할 수 있게 하여야 한다.

콤팩트시티는 도시 중심부에 주거·상업 시설을 밀집시켜 주민들이 걸어다니며 생활할 수 있게 한 도시이다. '압축도시'라고도 한다.

도심에서 주거·사무·쇼핑·문화를 모두 해결할 수 있는 것이 특징이다. 도시 외곽에 자족 기능 없는 베드타운(Bed Town)을 만드는 것에 비해 도심 본래 기능을 최대한 살리는 것이다. 100미터 이상 초고층 건물 안에 집과 사무 공간, 문화·체육 시설을 모아놓은 네덜란드의 로테르담이 대표적인 콤팩트시티로 꼽힌다.

콤팩트 네트워크의 전형적 모습을 보여주는 곳이 일본 도쿄 근교에 있는 타마프라자 역이다. 이 역은 주변 소도시들의 중심지로서 대형 쇼핑센터, 식당가, 문화시설 등이 모인 콤팩트시티로 개발되었다. 전철이 도쿄로 연결되어 있으며, 역 지하에 버스터미널이 있어 이웃 도시로 가기도 편하다. 따라서 인근 주민들이 타마프라자 역으로 와서 쇼핑도 하고, 강좌도 듣고, 친구들과 식사를 하면서 일상을 즐긴다.

운정역 복합환승센터 건설과 역세권 개발을 동시에 추진

둘째, 철도역을 복합환승센터로 개발하여야 한다. 복합환승센터는 환승이 목적인 환승센터를 지하나 1층에 짓고, 그 위에 상업·업무·숙박시설 등이 들어선 곳이다. 공공시설인 환승센터를 기본적으로 짓고 민간이 참여하여 다양한 판매시설을 만들어 이익을 올릴 수 있도록 한다. 열차 이용객도 편리하고 지역경제에도 도움이 된다.

우리나라에서 가장 성공한 곳으로 동대구역 복합환승센터를 꼽는다. 역 주변에 퍼져 있던 시외·고속버스터미널을 KTX역 바로 옆으로 옮기고, 다소 떨어져 있던 지하철역과의 환승 시간을 줄여 갈 아타는 문제를 개선하였다. 동시에 대형 백화점을 지어 국내 최초의 복합환승센터가 되었다.

GTX 이용객을 늘리고 GTX운정역을 파주의 새로운 성장거점으로 키우기 위해서는 복합환승센터와 역세권 개발이 동시에 추진되어야 한다. 다시 말해 GTX운정역을 중심으로 콤팩트시티를 만들고 주변 지역을 환승 불편 없이 원활하게 연결하는 'Compact & Network + Transfer' 개발이 이루어져야 한다.

셋째, 철도역을 중심으로 걷기 편한 거리를 만들어야 한다. 누구라도 걸어서 철도역에 쉽게 갈 수 있고, 사람들이 편안하게 역 주변에 머물게 하기 위해서는 보행자를 위한 거리가 만들어져야 한다.

4 | 파주 경제 활성화의
디딤돌

외국 대도시의 출근은 철도가 90%

어느 지역이 번창하려면 어떤 요인이 있어야 할까? 첫째는 인구, 둘째는 주택, 셋째는 산업체이다. 지역경제가 활성화되기 위해서는 일반적으로 일자리가 많이 늘면서 주민 소득이 증가하고, 인구가 늘고, 주택이 늘어나고, 소비가 증가하여야 한다. 오늘날에는 여기에 덧붙여 접근성, 즉 교통이 좋아야 한다.

그런 의미에서 GTX-A의 파주 연장은 파주의 접근성과 산업체가 들어올 수 있는 매력을 증가시켜 일자리와 인구를 늘려 경제를 활성화시키는 계기가 될 것이다.

운정신도시는 1기 신도시의 미비점을 거울 삼아 자족적 신도시 개발을 목표로 출발하였다. 사실 1기 신도시는 1988년 올림픽 이후 폭등하는 서울의 집값 안정을 위해 전국 200만 호 주택공급의 일환으로 시작되었다. 따라서 자족성을 갖추기보다 대규모 주택을 빠르게 짓는데 치중하여 베드타운이 되었다. 이에 따라 직장은 서울에 그대로 둔 채 집만 신도시로 옮김으로써 서울과 경기도를 오가는 '광역통행'을 만들어냈다.

2003년 기준으로 신도시 주민의 서울 통행 교통수단을 보면 승용차가 46%, 지하철이 24%, 버스 19%, 택시 4%로 승용차의 비중이 높다. 20년이 지난 지금도 이 비율에는 큰 변동이 없다. 이는 도쿄, 뉴욕, 파리 등 선진 외국 대도시의 경우 철도가 거의 90%를 차지하는 것과 비교하면 개선의 여지가 많다. GTX가 개통되면 수도권의 통행은 승용차 위주에서 철도 중심으로 획기적인 변화를 가져올 것으로 기대된다.

성장동력을 더욱 강화해 자족 기능 향상시켜야

한 지역의 경제는 그곳의 인구와 밀접한 관계를 가지고 있다. 어느 곳에 일정한 경제활동이 일어나기 위해서는 어느 정도의 인구가 있어야 한다. 이를 최소인구규모(Threshold)라 한다.

이에 따르면 편의점과 약국이 들어서기 위해서는 5000~1만 명 정도가 되어야 한다. 은행의 지점, 마을금고, 소규모 쇼핑센터는 3만 명 정도는 되어야 한다. 영화관, 예식장, 소매시장은 5만 명을 필요로 한다. 그리고 고급 서비스인 백화점, 호텔, 레스토랑, 금융기관, 농수산물도매시장이 들어서기 위해서는 10만 명은 되어야 한다. 이처럼 인구가 증가해야 새로운 경제활동이 일어난다.

경기연구원이 2019년 발표한 〈파주지역 자족기능 강화 방안〉에 따르면 파주에는 국가산업단지 2곳, 일반산업단지 17곳으로 총

19곳(9.3km²)의 산업단지가 있다. 이는 면적 기준으로 시흥(73km²), 화성(72km²), 평택(36km²), 안산(23km²)에 이어 경기도에서 5번째 규모이다. 파주 산업단지 19곳 중 파주LCD단지가 1.74km²로 가장 넓다.

2015년 파주는 1인당 지역내총생산(GRDP), GRDP 대비 수출 비율이 경기 북부에서 가장 높았다. 또한 제조업 1인당 부가가치 생산액(2015년), 지식기반 종사자 비중(2016년), 사업체수 증가율(2005~2015년), 300인 이상 사업체수(2016년)에서도 가장 높은 값을 나타냈다(경기북부의 오늘과 미래, 2018). 거시경제 측면에서 파주의 경제지표는 양호하게 나타났고, 특히 제조업의 노동생산성이 높았다.

파주의 인구는 2005년 24만 3천 명에서 2023년 50만 명을 넘어 약 2.1배 늘어났다. 이는 연평균 인구증가율 4.9%로 경기 북부에서 가장 높은 성장률을 기록한 것이다. 여기에 덧붙여 GTX와 지하철 3호선이 연장되고, 서울~문산고속도로에 이어 수도권제2순환고속도로가 건설 중이어서 광역교통이 크게 개선된다. 특히 첨단제조업이 모여 있고, 남북협력을 바탕으로 평화경제특구가 추진되면 경제 기반은 더욱 강화될 것이다.

파주는 이미 경기 서북부의 중심지로 성장할 수 있는 여건과 기회를 가지고 있다. 앞으로 인구 성장에 대응하는 일자리 확보와 도시의 자족 기능 향상은 물론 산업을 활성화해 성장동력을 더욱 키워야 한다.

2장

GTX와 파주형 MaaS의 도입

1. 도시의 경쟁력이 국가의 경쟁력이다

2. 파주의 메가시티리전 경쟁력과 파주형 MaaS의 도입

3. Door-to-door가 가능한 GTX를 만들려면

1 | 도시의 경쟁력이 국가의 경쟁력이다

GTX는 경인권 메가시티 성공의 핵심 요소

나라가 부강해지는 요소에는 여러 가지가 있다. 그중 하나가 도시의 경쟁력이다. 도시가 경쟁력을 가지기 위해서는 집적이익(Economies of Agglomeration)을 크게 하고, 집중(Concentration)에 따른 불이익은 작게 해야 한다.

집적이익은 여러 산업들이 한 장소에 모임으로써 얻게 되는 경제적 이익이다. 기업들이 모여 있으면 일반적으로 원료나 노동력을 얻기 쉬워지고, 물류 비용도 절감할 수 있다. 특히 서비스업은 한곳에 모여 있음으로써 특별한 상권을 형성하여 손님을 끌어들이는 데도 이익이 된다.

반면 모여 있는 것이 반드시 좋은 것만은 아니다. 미리 준비되지 않은 상태에서 사람들이 모여들면 무질서, 교통 혼잡, 환경문제 등 부정적 현상이 나타난다. 집중에 따른 불이익이 커지면 도시는 경쟁력을 잃고 쇠퇴하게 될 것이다.

메가시티리전(Megacity Region)은 1000만 명 넘는 사람들이 모여 살면서 광역경제권을 이룬 대도시권을 말한다. 핵심 대도시를 중심으로 1일 생활이 가능하며, 주변 여러 도시가 연결되어 경쟁력을 높이는데 초점을 맞추고 있다.

전 세계 메가시티리전 평가 결과

그 룹	순번	권 역	국 가	점 수
글로벌 그룹	1	뉴욕권	미국	5.25
	2	런던권	영국	5.12
선두그룹	3	도쿄권	일본	4.59
	4	LA권	미국	4.50
	5	란트스타트	네덜란드	4.42
	6	파리권	프랑스	4.34
	7	싱가포르권	싱가포르	4.27
	8	시카고권	미국	4.24
	9	라인-루르권	독일	4.00
	10	오사카권	일본	3.89
잠재적 선두그룹	11	경인권	한국	3.63
	12	상하이권	중국	3.31
	13	베이징권	중국	3.23
후발그룹	14	부울경권	한국	2.91
	15	모스크바권	러시아	2.77

* 출처: 〈DBR(동아비즈니스리뷰)〉 38호(2009년 8월)를 바탕으로 재작성.

바야흐로 세계는 도시 간 경쟁을 넘어 메가시티리전 간에 경쟁을 벌이고 있다. 프랑스의 그랑파리, 영국의 런던-맨체스터-리즈, 중국의 주강삼각주(광저우), 일본의 도쿄-나고야-오사카 등이다. 우리나라에도 이러한 세계적 메가시티리전이 있다. 바로 서울—인천—경기의 수도권과 부산—울산—경남을 아우르는 부울경이다. 동아일보와 미래전략연구소가 2009년에 실시한 메가시티리전 경쟁력 평가에서 뉴욕, 런던, 도쿄가 1위부터 3위까지를 차지했다. 우리나라의 수도권은 11위, 부·울·경은 14위에 올랐다.

전 세계 대부분의 광역경제권에서 알 수 있는 공통점 가운데 하나는 중심 도시가 주변 도시의 발전을 이끌어왔다는 점이다. 경인권을 선진 메가시티리전으로 키우기 위해서는 현재의 제조업 경제를 지식경제로 전환시켜야 한다. 경제, 정치, 사회문화적 구조가 창의성을 강화시키는 시스템으로 바뀌어야 하는 것이다.

또한 교통망이 좋아져야 성공적인 메가시티리전을 이룰 수 있다. 그러므로 자동차 교통에 투자하기보다 철도 등 대중교통 위주로 투자해야 한다. GTX가 계획대로 마무리되면 철도가 교통의 중심이 되어 경인권은 세계적인 메가시티리전으로 발돋움할 것이다.

2 | 파주의 메가시티리전 경쟁력과 파주형 MaaS의 도입

대중교통이 도시 발전을 이끈다

교통은 메가시티리전의 경쟁력을 높이는 중요한 요소이다. 교통은 경제적 번영을 높일 뿐 아니라 교통 혼잡으로 인한 환경비용과 사회적 비용을 줄여주고, 동시에 삶의 질을 높여준다.

인구-1인당지역총생산-면적-경제적 번영-장소매력도-
연계성 순위

(단위: 명, 달러, km²)

도 시	1위 뉴욕권	2위 런던권	3위 도쿄권	4위 LA권	11위 경인권
인구	2150만	1550만	3440만	1640만	2344만
1인당 지역내 총생산	5만 5900	3만 7322	3만 2913	4만 6899	1만 9639
면적	3만 3725	2만 590	1만 3281	8만 7940	1만 1686
경제적 번영	1위	3위	4위	2위	10위
장소매력도	5위	2위	7위	6위	10위
연계성	1위	2위	3위	9위	11위

* 출처: 〈경기도 뉴스포털〉, 2012년 12월 31일을 바탕으로 재작성.

위의 표에서 1위에 오른 뉴욕권은 1인당총생산이 가장 높았으며, 면적 역시 1위를 기록했다. 경인권은 인구는 두 번째로 많지만 경제적 번영도가 낮고, 면적도 적은 것을 알 수 있다. 면적과 인구를 확대하기는 어렵지만 경제적 번영은 증가시킬 수 있다. 그 기초적 바탕 중의 하나가 대중교통을 잘 구축하는 것이다.

영국의 피터 홀(Peter Hall) 교수는 대한민국 전체가 하나의 메가시티리전이 될 수 있다고 강조했다. 좁은 국토를 수도권과 지방으로 가르는 이분법에서 벗어나 한반도 전체를 교통과 통신망으로 잘 연결된 하나의 대도시권으로 봐야 한다는 것이다. KTX와 SRT로 전국의 주요 도시를 2시간대로 연결하고, GTX로 주변 도시들을 30분대로 연결하면 전국을 하나의 일일생활권, 나아가 하나의 광역경제권으로 만들 수 있다.

GTX는 단순히 수도권 주요 도시를 빠르게 연결하는 데 그치지 않는다. GTX 역을 중심으로 역세권 복합개발과 함께 도시별로 차별화된 4차산업으로 경제를 활성화시킬 수 있다. 파주는 GTX 시·종착역으로서 경쟁력을 키워 서북부권 제1의 도시가 되어야 한다.

GTX 이용 수도권 주요 거점 간 이동시간(분)

주요 거점	거리	승용차	기존 전철	GTX
동탄 ~ 삼성	38km	70	77	19
의정부 ~ 삼성	24km	70	73	13
금정 ~ 삼성	21km	85	30	14
송도 ~ 서울역	41km	95	82	27
운정 ~ 서울역	32km	71	78	18
의정부 ~ 서울역	24km	75	47	23

대화형 검색이 가능한 파주형 MaaS의 개발과 활용

GTX-A 운정 출발의 효과를 높이기 위해서는 '대중교통 중심의 파주형 마스(MaaS)'를 제공해야 한다. MaaS(Mobility as a Service)는 출발지에서 목적지까지 이용 가능한 모든 교통수단을 스마트폰에서 검색하고, 예약하고, 호출하고, 지불까지 하나의 플랫폼에서 해결하는 서비스이다. 그동안 버스, 기차, 택시 등 교통수단의 운행을 공급자 중심으로 해 온 것과 달리 이용자가 중심이 된다.

스웨덴의 유비고(Ubigo)를 비롯해 일본의 나비타임(NAVITIME), 핀란드의 윔(Whim)이 대표적이며 오스트리아, 영국, 벨기에, 싱가포르, 독일 등 여러 나라에서 활용된다. 우리나라에서는 카카오T, T머니Go 등이 선두를 달리고 있다.

MaaS는 앱 자체를 만들기는 어렵지 않으나 시민들이 얼마나 받아들이고 활용하는가에 따라 성패 여부가 달라진다. MaaS의 장점을 어떻게 시민들에게 알리고 받아들이게 할 것인지 고민해야 하며, 운영 주체는 누가 될 것인가도 따져보아야 한다. 순전히 기업의 이익만을 추구하는 것보다는 공공성을 높여야 한다.

파주형 MaaS는 공상적인 것이 아니라 GTX와 연계버스의 이용을 활성화시킬 수 있도록 대중교통 중심으로 만들어져야 한다. 이를 위해서는 단계별로 추진하는 것이 좋다.

첫째, 하나의 앱에서 이용 가능한 모든 교통수단을 검색할 수 있도록 한다. 현재 전철과 시내버스, 택시, 시외버스와 고속버스, 코레일, 자전거, 주차장 등을 각각 별도의 앱에서 검색해야 하므로 여러 앱을 설치해야 한다. 이를 하나로 통합해야 한다.

둘째, 다양한 교통수단들이 GTX와 연결되어야 한다. 출발지에서 인근 GTX 역까지 가는 방법, 도착한 GTX 역에서 최종 목적지까지 빠르고 편리하게 갈 수 있도록 시내버스, 마을버스, 자전거, 택시, 주차장 등을 검색, 예약, 호출, 지불할 수 있어야 한다.

셋째, 시외로 가는 사람과 해외 여행객을 위해서도 서비스가 제공되어야 한다. 시외버스, 고속버스, 고속철도, 일반철도, 항공기, 렌터카 등을 MaaS에서 검색, 예약, 호출, 지불할 수 있도록 해야 한다.

넷째, 이제는 챗GPT(Generated Pre-trained Transformer)를 활용한 대화·질문형 검색이 대세이다. 이에 따라 MaaS도 대화·질문형 검색이 가능하도록 하여야 한다. 예컨대 오후 3시에 광화문에서 회의가 있다면 2시 50분까지 도착할 수 있도록 운정에서 어떤 교통편을 이용해 몇 시에 출발해야 하는지 알 수 있어야 한다.

이 모든 과정은 시민, 전문가, 모빌리티 공급자, 데이터 사업자, 플랫폼 사업자, 행정기관 등 관련자들이 참여하는 시민위원회(가칭)를 통한 협의를 거쳐 이루어져야 한다. 또한 파주형 MaaS는 파주시가 추진하는 것이 필요하다.

3 | Door-to-door가 가능한 GTX를 만들려면

GTX를 중심에 놓고 편리한 환승체계가 마련되어야

버스와 전철을 3번 갈아타고 30분 만에 목적지에 닿는 방법과 승용차를 이용해 40분 만에 목적지에 닿는 방법이 있다면, 대부분의 사람들은 승용차를 이용할 것이다. 10분을 빨리 가기 위해 버스와 전철을 3번이나 갈아탈 사람은 극히 적다. 요점은 편리한 대중교통이 있느냐 없느냐이다.

아무리 MaaS를 잘 구축하여도 대중교통이 승용차보다 불편하다면 성공하기 어렵다. 그렇게 되면 대중교통을 이용하는 사람도 늘어나지 않는다. 승용차가 편리한 이유는 도어-투-도어(Door-to-door)가 되기 때문이다. 대중교통을 이용하여 목적지에 가려면 보통 2번 이상은 환승해야 한다. 갈아타기 위해 한참을 걷거나 기다리는 것을 좋아하는 사람은 드물다. 그러므로 대중교통에서 어떻게 도어-투-도어를 실현할 수 있을까를 고심해야 한다.

현재 파주에서 서울로 출퇴근할 때 피크타임에 승용차는 25km/h

내외이다. 32.7km를 가는데 78분이 걸리며 대중교통은 71분이 걸린다. 현재 승용차를 이용하는 비율은 47%, 버스가 22%, 철도는 20%이다.

운정역에서 서울 삼성역까지 GTX-A가 다니면 승용차보다 빠르고 편리할까? 꼭 그렇지만은 않은 사람도 있다. 예컨대 승용차를 이용하면 집에서 회사까지 바로 갈 수 있다. 그러나 GTX를 타면 집에서 운정역으로 간 후, GTX를 타고, 삼성역에 도착 후 다른 교통편으로 갈아타거나 걸어서 회사까지 가야 한다.

집에서 운정역까지 가는 것을 퍼스트마일(First-mile, Fm), 운정역에서 삼성역까지를 미들마일(Middle-mile, Mm), 삼성역에서 회사까지를 라스트마일(Last-mile, Lm)이라 한다. 퍼스트마일과 라스트마일에서 시간을 단축하지 않고 미들마일에서만 시간을 줄인다 해서 출근시간이 획기적으로 줄어들지는 않는다.

따라서 파주에서 서울로 출근할 때 승용차보다 빠르고 편리한 대중교통이 되기 위해서는 GTX를 중심에 놓고 편리한 환승체계가 마련되어야 한다. 이와 함께 집에서 운정역까지, 그리고 삼성역에서 회사까지 빠르고 편리하게 갈 수 있도록 공공자전거, 환승주차장(승용차를 운정역에 주차하고 GTX 이용), 보행네트워크 등을 확충해야 한다.

퍼스트마일, 미들마일, 라스트마일이 순조롭게 연결되어야 대중교통의 도어-투-도어가 이루어진다. 이렇게 될 때 진정으로 GTX의 효과가 발휘된다.

4부

지하철 3호선 파주 연장,
더 나은 파주

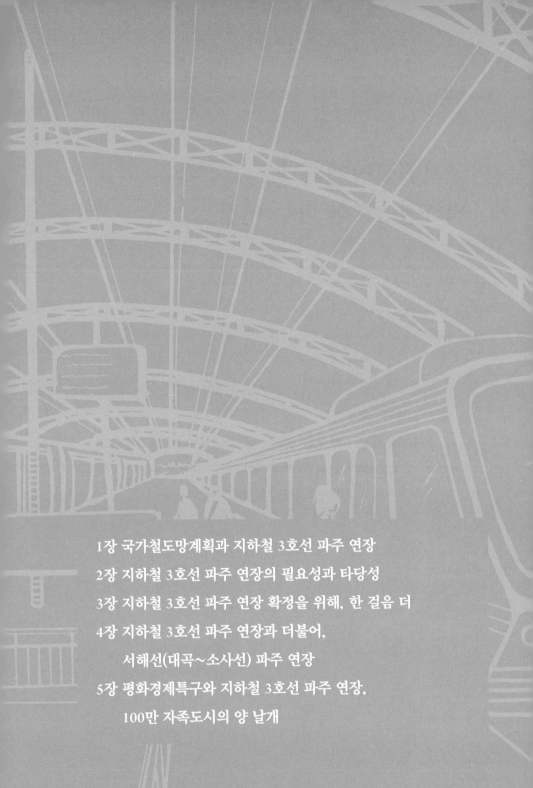

1장

국가철도망계획과
지하철 3호선 파주 연장

1 | 길고 긴 노력의 여정

지하철 3호선은 파주를 품어야 한다

수도권 전철 3호선은 일산선과 3호선이 합쳐진 노선이다. 고양시 대화역에서 지축역까지가 일산선이고, 지축역에서 서울 송파구 오금역까지가 3호선이다. 노선 색은 평화를 뜻하는 주황색이다. 원래는 서로 다른 노선으로 취급되어 3호선은 주황색, 일산선은 남색(혹은 회색)이었으나 2000년에 수도권 전철 3호선으로 합쳐졌다. 그러나 철도사업법과 도시철도법 규정에 따라 공식적으로 여전히 별개 노선이다. 일산선은 19.2km(33.45%)이고, 3호선은 38.2km(66.55%)이다.

　1970년 계획된 서울 지하철 노선은 몇 차례 변경을 거쳐 1977년 현재의 3호선이 완성되었다. 처음에는 고양 벽제에서 출발해 양재역으로 가는 노선이었으나, 구파발과 양재역을 잇는 것으로 확정되었다. 무악재와 종로, 반포 등 곳곳에서 난공사로 인해 공사 중단까지 겪는 바람에 4호선보다 늦은 1985년 10월에 전 구간이 개통되었다. 이후 2010년 2월에 오금역까지 연결되었다.

일산선은 일산 신도시가 건설되면서 추가로 연장된 노선으로 1996년 1월 개통했다. 처음에는 일산에서 화정과 삼송을 거쳐 구파발역으로 이어지는 계획이었다. 그 후 원당 주민들의 요구를 받아들여 원당역이 추가됐고, 백석역과 화정역 사이에 있는 경의선 분기점에 대곡역을 추가했다.

2018년을 넘어서면서 삼송 주변이 개발되고, 지축역에 대규모 아파트 단지가 들어서면서 일산선 승객은 꾸준히 늘어나고 있다. 삼송역은 수년 전까지만 해도 허허벌판이었으며 승객이 아주 적어 왜 이곳에 전철역을 만들었는지 의아할 정도였다. 그러나 지금은 일산선 최다 이용객 역으로 올라섰다. 3호선에는 모두 44개 역이 있다. 역당 하루평균 이용객은 2022년 25,939명이다. 이 중에서 일산선은 19,087명으로 집계되었다.

파주시 입장에서 문제는 이 3호선이 대화에서 멈추고 파주까지 연결되지 못한다는 점이다. 파주 인구가 급속히 늘어나고 있음에도 서울의 곳곳을 지나는 3호선이 닿지 않는 것은 큰 아쉬움이다. 이 문제를 해결하기 위해 십수 년 전부터 지하철 3호선 파주 연장을 추진해오고 있다.

국가철도망계획과 지하철 3호선 파주 연장

지하철 3호선 파주 연장(일산선 연장)은 2007년 〈대도시권 광역교통기본계획〉에 추가 검토 사업으로 포함되면서 본격적인 논의가 시작되었다. 특히 2010년 운정신도시의 교통을 개선시키기 위해 국가 상위 계획에 반영하고자 다수의 연구와 용역이 진행되었다.

지하철 3호선 파주 연장 사업의 연혁

일자	내용	비고
2007. 11	대도시권 광역교통기본계획에 추가 검토사업으로 포함	건설교통부
2008. 8	타당성 검토 결과 b/c=0.8	국토해양부, 대한주택공사
2014. 7	제3차 국가철도망 구축계획에 반영 건의	경기도
2014. 12	지하철 3호선 파주 연장 타당성 사타 수행	파주시
	수도권 서북부철도망 구축 관련 국회 세미나(1차)	
	제3차 국가철도망 구축계획 주민 공청회 개최	국토부
2015. 2	GTX 및 지하철 3호선 파주 연장 국회 세미나(2차)	
2015. 6	GTX, 지하철 3호선 파주 연장 시민추진단 발대	시민추진단
2015. 7	GTX, 지하철 3호선 파주 연장 10만인 서명운동	시민추진단
2015. 10	통일 대비 수도권광역급행철도 및 지하철 3호선 파주 연장 국회 토론회 개최(3차)	
2016. 2	제3차 국가철도망 구축계획 공청회에 포함(7.6km)	국토교통부
2016. 6	제3차 국가철도망 구축계획에 포함	국토교통부
2017. 1	제3차 대도시권 광역교통 시행계획에 포함	국토교통부
2018. 11	지하철 3호선 파주 연장 예타 면제 건의 2만 4천여명 청원서 국가균형발전위 제출	운정연
2018. 12	지하철 3호선 파주 연장 예타 면제 건의 2만 4천여명 청원서 국토부 제출	운정연
2018. 12	2차 수도권 주택공급 계획 및 수도권 광역교통망 개선방안	국토교통부
2019. 5	수도권 서북부 광역교통 개선 구상에 포함	국토교통부
2019. 10	광역교통비전 2030에 포함	대도시권광역교통 위원회
2019. 11	제4차 국가철도망 구축계획에 건의	경기도
2020. 7	한국판 뉴딜사업의 민간투자 활성화 방안에 포함	기획재정부

2020. 9	민간사업제안서 제출	현대건설
	지하철 3호선 파주 연장 업무협약식	파주시, 현대건설
2021. 4	제4차 국가철도망 구축계획(안)에 포함	국토교통부
2021. 6	제4차 국가철도망 구축계획에 포함	국토교통부

　이러한 노력의 결과로 지하철 3호선 파주 연장은 제3차·제4차 국가철도망구축계획에 포함되어 추진의 당위성과 법적 근거를 마련하였다. 이에 따라 국가재정 사업으로 추진했을 때 총사업비의 70%를 국비로 지원받을 수 있게 되었다.

〈제3차 국가철도망구축계획〉의 대도시권 교통난 해소 신규사업 계획

구분	노 선 명	사업 구간	사업 내용	연장(km)	총사업비 (억 원)
광역	수도권광역급행철도	송도~청량리1)(민자)	복선전철	48.7	58,319
	수도권광역급행철도	의정부~금정2)(민자)	복선전철	45.8	30,736
	신분당선	호매실~봉담(민자)	복선전철	7.1	6,728
	신분당선 서북부 연장	동빙고~삼송3)(민자)	복선전철	21.7	12,119
	원종홍대선	원종~홍대입구4)(민자)	복선전철	16.3	21,664
	위례과천선	복정~경마공원(민자)	복선전철	15.2	12,245
	도봉산포천선	도봉산~포천5)	복선전철	29.0	18,076
	일산선 연장	**대화~운정**	**복선전철**	**7.6**	**8,383**
	서울 9호선	강일~미사6)	복선전철	1.4	1,891
	충청권 광역 철도 (2단계)	신탄진~조치원	복선전철 (기존선)	22.5	5,081
계				215.3	175,242

* 출처: 〈제3차 국가철도망구축계획(2016~2025)〉, 국토교통부, 2016

　　　　　　　　　　　4부 지하철 3호선 파주 연장, 더 나은 파주

〈제4차 국가철도망구축계획〉의 신규 광역철도 및 수도권 교통 개선사업

구분	노선명	사업 구간	사업 내용	연장(km)	총 사업비(억원)
광역	서부권 광역 급행철도	장기역~부천종합운동장역	복선전철	21.1	22,475
	별내선 연장	별내역~별가람역	복선전철	3.2	2,384
	송파하남선	오금~하남시청	복선전철	12.0	15,401
	강동하남남양주선	강동~하남~남양주	복선전철	18.1	21,032
	위례과천선	복정~정부과천청사	복선전철	22.9	16,990
	고양은평선	새절~고양시청	복선전철	13.9	14,100
	인천 2호선 고양 연장	인천 서구~고양 일산 서구	복선전철	18.5	17,502
	위례삼동선	위례~삼동	복선전철	10.4	8,168
	일산선 연장	**대화~금릉**	**복선전철**	**10.9**	**12,127**
	분당선 연장	기흥~오산	복선전철	16.9	16,015
	신분당선	호매실~봉담	단선전철	7.0	4,374
	신분당선 서북부 연장	용산~삼송	복선전철	20.2	18,002
	대장홍대선	부천대장~홍대입구	복선전철	20.0	21,526
	제2경인선	청학~노온사	복선전철	21.9	16,879
	신구로선	시흥대야~목동	복선전철	12.4	9,430
계				229.4	216,405

* 출처: 〈제4차 국가철도망구축계획(2021~2030)〉, 국토교통부, 2021

제3차와 제4차 계획에 반영된 지하철 3호선 파주 연장은 규모에서 다소 차이가 있으나 제3차 계획을 바탕으로 일부 노선의 변경과 확장이 이뤄진 것이라 할 수 있다.

국가철도망 구축계획 노선의 비교

구분	제3차 국가철도망구축계획	제4차 국가철도망구축계획
노선도	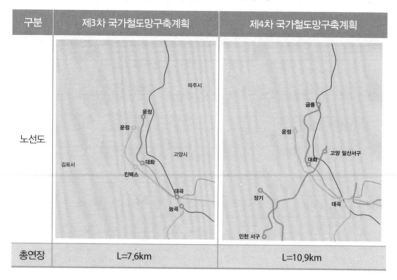	
총연장	L=7.6km	L=10.9km

지하철 3호선 파주 연장은 국가철도망구축계획뿐 아니라 〈2차 수도권 주택공급 계획 및 수도권 광역교통망 개선방안〉(국토교통부, 2018), 〈광역교통 2030〉(대도시권 광역교통 위원회, 2019), 〈제4차 대도시권 광역교통시행계획 2021~2025〉(대도시권 광역교통위원회, 2021) 등에서도 포함되었다.

이처럼 지하철 3호선 파주 연장은 수도권 주요 교통계획에 포함된 중요한 사업이었다. 그러나 최근 민간투자사업으로 진행되었으나 경제성 확보 등의 어려움으로 제자리에 머물러 있다. 따라서 파주의 새로운 도약을 위해 지하철 3호선 파주 연장을 빠르게 추진해야 한다.

4부 지하철 3호선 파주 연장, 더 나은 파주

2 | 지하철 3호선 파주 연장, 〈제3차 국가철도망구축계획〉에 반영

파주 시민의 염원 담은 지하철 3호선 파주 연장

"600만 평의 신도시가 파주에 만들어지고 있습니다. 정부가 이렇게 큰 신도시를 만들었으면 교통 대책도 정부가 책임져야 합니다. 저는 GTX가 파주까지 연장되어야 하는 것은 당연히 정부의 책임이라 생각합니다. 또한 목전에 들어와 있는, 대화역까지 들어와 있는 지하철 3호선이 파주까지 연장되어 정부가 만들어놓은 신도시를 정부 스스로 명품 신도시로 만들어내야 한다고 생각합니다."

나는 2015년 2월 11일 국회에서 열린 〈수도권광역급행철도 및 지하철 3호선 파주 연장 국회토론회〉에서 이렇게 주장했다. GTX-A 파주 연장에 집중하던 때였지만 지하철 3호선 파주 연장도 파주 발전에 결코 놓치면 안 되는 중요한 사업이었다.

지하철 3호선 파주 연장은 2007년 11월 〈대도시권 광역교통기본계획〉에 추가로 포함되면서 시작되었다. 그러나 본격적인 추진은 2016년 6월로 예정돼 있는 〈제3차 국가철도망구축계획〉에 반영시키려는 노력부터였다. 이를 위해 2014년부터 경기도와 파주시가 움직였고, 제19대 의원이었던 나는 국회에서 2014년 12월, 2015년 2월, 2015년 10월까지 3차에 걸쳐 〈GTX, 지하철 3호선 파주 연장 국회토론회〉를 열어 힘을 보탰다.

파주에서는 2015년 6월 3일 파주 시민 300여 명이 참석해 'GTX, 3호선 파주 연장 시민추진단' 발대식이 열렸다. 나는 "우리의 꿈은 소중하고 정당하다. 시민추진단과 힘을 합쳐 GTX와 3호선 파주 연장을 꼭 해내겠다"고 힘주어 다짐했다. 파주시민단은 파주 시민 11만여 명이 서명한 청원서를 국토부, 기재부, 청와대에 제출했다.

2015년 12월 초순까지 '순항'

지하철 3호선 파주 연장을 위한 첫 관문은 철도분야 국가 최상위 법정계획인 〈제3차 국가철도망구축계획〉에 포함시키는 것이었다. 2015년 10월, 3차 국회토론회 이후 나는 본격적으로 움직이기 시작했다. 12월 15일 국토부 장관과 차관에게 공문을 보내 "42만 파주 시민의 염원을 헤아려 GTX와 지하철 3호선 파주 연장을 제3차 국가철도망구축계획에 포함시켜달라"고 간곡히 요청했다.

공문 발송 다음 날인 12월 16일에는 새벽 5시 30분에 파주를 출발해 세종시 국토부를 찾아갔다. 실무책임자인 철도정책과장을 만나 지하철 3호선 파주 연장의 필요성을 거듭 강조했다. 오후에 국회로 돌아와 의원회관으로 직접 찾아온 최정호 국토부 제2차관을 만났다. 나는 다양한 루트를 통해 확인한 결과, GTX와 지하철 3호선 파주 연장 2개 사업 모두 포함돼 검토 중이라는 사실을 알고 있었다. 그래서 최 차관에게 더 적극적으로 검토해 줄 것을 신신당부했다. 최 차관도 실무자에게 지시해 꼭 챙기겠다고 답했다.

이렇듯 지하철 3호선 파주 연장의 제3차 계획 포함은 순항하는 듯 보였다. 국토부가 한국교통연구원에 용역을 주었고, 그 안에 파주연장선이 포함돼 있다는 것을 확인했기 때문이었다. 또 국회토론회에 참석했던 국토부 담당 과장도 상당히 긍정적으로 검토하고 있다고 밝혔기 때문이다.

국토부의 갑작스런 제외 움직임

그런데 그 이후부터 국토부에서 뭔가 다른 움직임이 감지되기 시작했다. 이전까지 분명한 답을 주던 국토부의 태도가 달라졌던 것이다. 더 알아보니 지하철 3호선 파주 연장을 계획(안)에서 빼려는 내부 움직임이 있었다. 나는 12월 21일 새벽 또 다시 세종시로 달려가 국토부 차관, 국장, 과장을 만나 재차 간곡히 당부했다.

이후 파주시에 알아보니 "국토부에서 지하철 3호선 파주 연장을 제외하겠다는 의견이 있으며, 제외 사유는 지역 안배를 고려할 때 GTX 파주 연장과 지하철 3호선 파주 연장을 모두 하는 것은 중복투자"라는 것이었다. 그래서 현재 "교통연구원에서 3호선 파주 연장을 제외시키는 타당한 사유를 만들기 위해 경제성(B/C)을 낮추는

작업 중"이라는 것이었다. 그야말로 절체절명의 위기였다.

나는 즉시 김현미 의원(문재인 정부 초대 국토부 장관)과 힘을 합했다. 김 의원의 지역구는 파주 연장선이 지나가는 일산서구였다. 우리는 기재부 장관에 내정된 유일호 전 국토부 장관에게 이전의 약속을 지켜달라 요청했고, 크리스마스 이브인 12월 24일 오후 강호인 국토부 장관과 면담 약속을 잡았다.

크리스마스 이브에 지옥까지 갔다 온 파주 연장

그날 국토부 서울사무소 회의실에서 나와 김현미 의원은 정말 혼신의 힘을 다해 강호인 장관에게 지하철 3호선 파주 연장의 당위성을 설명했다. 그런데 강 장관에게서 돌아온 답은 "한 지역인 파주시에 두 개의 철도(GTX와 지하철 3호선)를 동시에 연장하는 것은 지역 안배의 부담이 크고, 재정적으로도 우려가 있을 수밖에 없다"며, "지금 정부가 GTX 파주 연장을 하려는 것 아니냐? 그런데 뭘 또 지하철 3호선 파주 연장이냐, 이런 말이 나오고 있다"는 것이었다.

그 말을 듣고 나는 장관에게 "인구가 폭발적으로 늘어나는 외곽의 신도시에서는 항상 철도 연장의 문제가 제기되는데 국토부가 교통대책을 세우지 않으려면 차라리 신도시를 폐쇄시켜라"고 역설했다. 그렇게 1시간 가까운 격론이 펼쳐졌다.

12월 28일, 월요일에 국회에서 강호인 장관을 다시 만났다. 강 장관은 "지하철 3호선 파주 연장을 국가철도망계획에 반영시키려 적극 노력하고 있다"고 설명했다. 국토부 장관의 지시에 따라 지하철

3호선 파주연장선을 포함시켜 계획(안)을 작업 중이라는 사실을 담당 국장과 과장에게서도 확인할 수 있었다. 그야말로 지하철 3호선 파주 연장은 지옥까지 갔다가 부활했다.

〈제3차 국가철도망구축계획〉에 반영 확정

국토부와 한국교통연구원은 2016년 2월 4일 〈제3차 국가철도망구축계획(안)〉 공청회에서 구체적인 계획안을 발표했다. 여기에 지하철 3호선 파주 연장과 GTX 파주 연장이 모두 포함되었다. 나는 파주 시민들과 함께 공청회에 직접 참석해 발표 내용을 들었다. 그리고 파주 시민들에게 블로그를 통해 "경축! 1+1! 파주의 염원 두 가지를 동시에 해냈습니다"라고 기쁘게 보고했다.

대화에서 운정까지 이어지는 지하철 3호선 파주 연장은 '신규 사업'으로 포함됐고, 점선이 아니라 실선으로 표기되었다. 명확히 추진한다는 의미였다. 또한 지하철 3호선 파주 연장은 법적으로 '광역철도'로 규정되었다.

일반적으로 '지하철 3호선 파주 연장'이라 하지만 정확히는 '일산선 파주 연장'이다. 그런데 파주연장선의 철도 성격을 어떻게 할 것인가도 논쟁거리였다. 지하철 3호선은 지축역까지의 서울 시내를 의미하며 서울시에서 운영하는 도시철도이다. '일산선'은 지축역부터 대화역까지의 정식 명칭이다. 파주연장선의 성격을 어떻게 할 것인가는 향후 건설비용과 운영 주체에 직결된 문제인 만큼 매우 중요한 사안이었다.

나는 파주연장선이 일반철도인 '일산선'의 연장이므로 일반철도로 규정되어야 한다고 국토부에 주장했다. 그러나 제3차 계획에 '광역철도'로 규정되었다. 참고로 일반철도, 광역철도, 도시철도의 건설비 부담과 운영 주체는 아래와 같다.

구 분	일반철도	광역철도	도시철도
건설비 부담	국가 100% (일산선 : LH공사 100%)	국가 70% 광역지자체 15% 기초지자체 15%	국가 60% 기초지자체 40%
운영 주체	철도공사	도시철도공사	도시철도공사

　나는 파주 시민들에게 "파주 시민들이 원하시는 대로 두 개를 동시에 해냈다. 모두 파주 시민들의 노력과 땀이 있었기에 가능했고 심부름한 저로서는 일생의 영광"이라고 소감을 밝히며 시민들과 함께 기쁨을 나누었다. 이 계획은 이날 공청회를 거쳐 2016년 6월 17일 확정, 발표됐다.

3 | 2기 신도시를 위한
교통정책의 개선

이제부터 목표는 예비타당성조사 통과

〈제3차 국가철도망구축계획〉에 포함됨에 따라 지하철 3호선 파주 연장을 위한 다음 단계는 예비타당성조사를 통과하는 것이었다. 나는 GTX-A 파주 연장 예타가 긴박하게 진행되고 있어 우선 여기에 집중했다. 마침내 2017년 말 GTX 예타가 통과되었고, 이후부터 지하철 3호선 파주 연장 예타 추진에 총력을 기울였다.

예타를 신청하려면 사전 준비작업을 거쳐야 한다. 파주시는 2016년 12월 한국교통연구원에 〈파주시 철도망 효율화 구축방안 연구〉를 의뢰했다. 2017년 1월 국토부는 〈제3차 대도시권 광역교통 시행계획 (2017~2020)〉에 지하철 3호선 파주 연장(대화~운정)을 포함시켰다.

나아가 국토부는 2018년 12월 〈제2차 수도권 주택공급 계획과 수도권 광역교통망 개선 방안〉을 발표했다. 파주는 3기 신도시 개발 대상에서 제외되었다. 대신 국토부는 2기 신도시의 교통을 개선하는 차원에서 지하철 3호선 파주 연장에 대한 예타를 빠르게 추진하겠다고 밝혔다. 정부가 3호선 파주 연장 예타를 조속히 추진하겠다고 약속하니 일단 안심할 수 있었다. 나는 SNS를 통해 파주 시민들에게 "긴장을 늦추지 않고 더욱 열심히 노력하겠다"고 다짐했다.

그해 12월 27일에는 파주 시민들의 오랜 염원이었던 GTX-A의 역사적인 착공식이 고양 킨텍스에서 열렸다. 행사 직후 김현미 국토부 장관을 만나 지하철 3호선 파주 연장 예타를 신속히 추진해 줄 것을 공개적으로 요청했다. 착공식이 끝난 직후 행사장 부속 회의실에서 김 장관을 비롯해 파주시장, 고양시장이 함께 머리를 맞대고 지하철 3호선 파주 연장을 위한 전략회의를 가졌다.

국토부, 창릉 3기 신도시 발표 "참담함을 금할 수 없습니다"

한편 정부는 주택 시장 안정을 위해 2018년 12월 19일, 남양주 왕숙, 하남 교산, 인천 계양, 과천 등 4곳을 3기 신도시로 발표했다. 이후 2019년 5월 7일 고양 창릉, 부천 대장 2곳이 추가되었다.

발표가 나자마자 운정신도시를 비롯한 김포 한강, 평택 고덕 등 2기 신도시 주민들이 거세게 반발했다. 그렇지 않아도 턱없이 부족한 자족도시 기능과 열악한 교통망으로 서러움을 받고 있는데, 정부가 창릉 3기 신도시를 갑자기 발표하자 분노가 폭발한 것이다. 1기 신도시인 일산 주민들의 반응도 마찬가지였다. 연일 수많은 주민들이 모여 반대 집회를 열었다.

그리고 5월 16일 청와대에서 〈2019 국가재정전략회의〉가 열렸다. 여당 대표, 국무총리, 청와대 정책실장 등 당정청 주요 인사들이 대거 참석한 자리였다. 나는 국회 예산결산특별위원회 여당 간사 자격으로 회의에 참석했다.

회의가 끝난 후 나는 국토부 장관과 청와대 정책실장을 따로 만났다. 그 자리에서 최근 운정신도시 주민들의 분노를 전하고, 주민들의 요구가 담긴 입장문을 전달했다. 정부가 지하철 3호선 예타 면제 등 2기 신도시 생활인프라 대책을 확실히 수립하는 것은 물론, 신속히 추진해야 한다고 강력히 요구하고 지속적으로 협의하기로 했다. 그리고 나를 비롯해 파주 갑 경기도 의원, 파주시 의원의 공동명의로 '참담함을 금할 수 없습니다'라는 입장문을 전달했다.

"참담함을 금할 수 없습니다"

파주 시민 여러분. 파주의 국회의원, 경기도의원, 파주시의원으로서 3기 신도시 고양 창릉지구 발표를 보며 참담함을 금할 수 없습니다. 집권 여당의 국회의원, 경기도의원, 파주시의원이지만, 사전에 어떤 통보도 받지 못한 채 언론 보도를 접하고서야 이런 사실을 알게 됐습니다. 정말로 당혹스럽습니다. 억장이 무너지는 심정입니다.

파주 시민 여러분께 끝없이 송구스런 마음뿐입니다. 정부의 발표를 사전에 막아내지 못하고, 시민 여러분의 재산권까지 우려해야 하는 상황에 이르게 한 점 정말 죄송합니다. 백배 사죄 드립니다.

저희들 역시 깊은 충격에 빠져 나오기가 무척 힘들었음을 고백합니다. 여당 의원으로서 정부 정책에 정면으로 반기를 들 수 없음에 자괴감도 느낍니다. 깊은 충격과 분노는 파주 시민 여러분과 크게 다르지 않습니다. 시민 여러분과 함께 해결 방안을 찾아야 한다고 생각합니다.

정부가 기존 신도시 주민의 어려움을 깊게 고민했다면 2기 신도시 대책을 마련해 함께 발표했어야 합니다.

정부는 2기 신도시와 그 주민들을 절대 외면해서는 안 됩니다. 접경지역의 균형발전과 남북교류협력의 거점도시 파주, 교하와 운정신도시를 살리기 위

해 교통, 교육, 문화, 예술 등 생활인프라 전반에 걸쳐 종합적인 대책을 마련해야 합니다. 저희는 파주 시민 여러분과 함께 이런 입장과 '우리의 요구'를 정부에 분명히 전달할 것이며, 반드시 관철되도록 앞장설 것입니다.

— 우리의 요구 —

1. 지하철 3호선 파주 연장 예타 면제 요구
2. GTX 차량기지 및 입출고선 안전한 노선 확보 요구
3. GTX 운정역 복합환승센터 및 랜드마크 건립 요구
4. 소사·대곡(서해선) 복선전철 경의중앙선 운정역까지 연결 요구
5. 교하에서 출발하는 M버스 노선 신설 요구(대중교통망 확충)
6. 복합 ICT산업단지 조성(복합R&D센터) 요구
7. 복합 생활SOC센터(체육, 건강관리, 영화, 독서, 카페 등) 건립 지원 요구
8. 초중고 교실 증축 및 체육관 조기 완비 요구
9. 대규모 문화의 전당 건립 지원 요구
10. 종합병원 유치 지원 요구
11. 접경지역 파주를 수도권에서 제외(수도권정비계획법 개정) 요구
12. 지방이전 공공기관의 파주 이전 요구

2019년 5월 17일

더불어민주당 파주(갑) 지역위원회

국회의원 윤후덕 / 도의원 손희정, 조성환 / 시의원 손배찬, 박대성, 박은주, 이용욱

상황이 악화일로를 걷자 김현미 국토부 장관은 2019년 5월 23일 수도권 서북부 지역의 교통대책을 발표했다. 일명 1, 2기 신도시와 관련된 '5.23 보완 대책'이다. 파주에 대한 내용은 "GTX-A 파주 연장을 차질없이 추진해 조속히 개통하겠다"는 것과 "대곡~소사선(서해선) 전철을 일산과 파주까지 연장하겠다"는 것, 그리고 "지하철

3호선 파주 운정 연장을 조기 추진하겠다"는 것이었다. 국토부는 정부 차원에서 재기획 용역으로 사업성을 높여 신속히 추진하겠다고 발표했다.

지하철 3호선 파주 연장 재기획 용역

국토부는 지하철 3호선 파주 연장을 정부 주도로 추진하기로 결정하고 예타 전 단계라 할 수 있는 사전타당성조사를 직접 실시하기로 했다. 용역기관 입찰을 실시한 국토부는 2019년 10월 25일 1차 공고를 마감했다. 그러나 서울과학기술대학이 단독 입찰해 유찰됐고, 10월 28일 2차 공고를 냈다. 용역의 목적은 두 가지였다.

① 제3차 국가철도망계획에 반영된 지하철 3호선 대화~운정 연장사업 사전타당성조사 및 최적 대안노선 검토
② 노선, 정거장, 열차운영계획 등 기술적 검토와 교통수요 추정 등 경제성 분석 시행 및 비용절감, 수요 증대 등 대안 노선 제시

10월 30일, 국토부 대도시권광역교통위원회는 〈광역교통 2030〉을 발표하며 '지하철 3호선 파주 연장'을 명시했고, 예타 등을 거쳐 조치하겠다고 향후 계획을 밝혔다.

국토부 입찰 결과, 2019년 11월 서울과학기술대학이 연구용역 기관으로 선정됐고, 국토부는 〈일산선 대화~운정 연장사업 추진방안 연구〉 계약을 체결했다. 용역 목적에 명시돼 있듯이 사전타당성조사 및 최적 대안 노선 검토가 핵심이었다. 또 과업 성과가 나오면

〈제4차 국가철도망구축계획〉에 반영하고 예타를 진행한다는 의미도 포함돼 있었다. 나는 재기획 연구용역이 착수된 직후인 2020년 1월 29일 서울과학기술대학을 방문해 연구용역팀을 만나 격려하고 진행 사항을 점검했다.

국토부 민간제안 활성화 방안 발표 이후
정부 민간투자 방안에 포함

그런데 또 하나의 희소식이 들렸다. 2020년 6월 17일 국토부가 철도분야 민간 제안 방식의 민간투자사업을 활성화하겠다고 발표한 것이다. 사실 그동안 민간에서 새로운 철도사업을 제안해도 실제 채택되는 비율이 낮은 데다 매몰비용이 커서 민간사업자들이 참여하는 경우가 적었다. 그래서 국토부가 민간제안 선정 기준을 명확히 해서 민간투자를 유도하고자 한 것이다. 민간제안이 채택되면 정부고시 사업과는 달리 예타와 기본계획 등의 절차를 거치지 않아도 되기 때문에 속도감 있게 추진되는 장점이 있다.

그래서 국토부는 철도산업위원회에 이 같은 취지로 민간제안사업 기준을 제시했다.

① 국가계획과의 정합성: 3차 국가철도망구축계획에 포함된 노선일 것
② 단독운영 가능성: 시급하고 중요한 기존 도시광역철도 연장은 BTL 중심으로 가능
③ 창의적 사업계획: 경제성·효과성 높일 방안 제시 우대.
④ 관계기관 협의: 관계기관 사전 협의로 수용 가능성 큰 경우 우대

지하철 3호선 파주 연장은 네 가지에 모두 해당하였다. 즉 기존에 추진하던 정부고시 사업보다 더 빠르게 추진될 수 있는 길이 열린 것이다.

곧이어 2020년 7월 23일 경제부총리 주재로 제1차 한국판 뉴딜 관계장관회의가 열렸다. 〈한국판 뉴딜사업 등 민간투자 활성화 방안〉에 지하철 3호선 파주 연장이 포함되었다. 발표 자료에 신규 민자사업으로 철도 1개 노선(8천억)에 대한 연내 적격성조사 의뢰가 담겼고, 주무부처인 국토부에 그 사업이 지하철 3호선 파주 연장이라는 사실을 확인했다.

2020년 9월 18일, 현대건설이 국토부에 지하철 3호선 파주 연장에 대한 사업제안서를 제출했다. 이어 9월 25일에는 파주시와 현대건설이 〈3호선(일산선) 파주 연장 및 역세권 개발사업〉 업무협약을 체결했다. 이렇게 지하철 3호선 파주 연장의 민간제안 추진이 본격화되었다.

이제 지하철 3호선 파주 연장은 예타를 기본으로 하는 정부고시 사업과 민간제안에 따라 예타 없이 민자적격성조사를 진행하는 두 가지 방식, 소위 투트랙으로 추진이 가능해졌다. 두 경로 중 우선 결정되는 것이 최종 방식이 될 것이다. 이는 모두 〈제3차 국가철도망구축계획〉에 지하철 3호선 파주 연장이 반영되었기 때문에 가능한 일이었다.

4 | 〈제4차 국가철도망구축계획〉에 포함되어 추진

제3차 계획에 반영되지 않았다면?

제4차 반영도 쉽지 않았을 것

5년마다 세워지는 국가철도망구축계획은 〈철도의 건설 및 철도시설 유지관리에 관한 법률〉에 따라 10년 단위로 수립하는 철도 건설의 최상위 법정계획이다. 한마디로 한국의 미래 철도망 건설의 청사진이라 할 수 있다. 대부분의 지자체들은 자기네 고장에 철도 노선을 반영시키기 위해 많은 노력을 기울인다. 계획에 들어가지 못하면 정부재정을 투입하는 철도사업이 불가능하기 때문이다. 계획에 포함되어야만 다음 절차인 사전타당성조사, 기재부의 예타로 이어진다.

지하철 3호선 파주 연장이 2019년 국토부의 재기획용역으로 정부 고시사업 추진 가능성을 높이고 2020년 정부의 민간제안 활성화 정책 발표와 현대건설 제안서로 민간제안사업 추진이 현실화됐던 것도 2016년의 제3차 계획에 실선으로 반영된 덕분이다. 그런데 더 중요한 점이 있다. 제3차 계획에 반영시키지 못했다면 제4차 반영은 매우 힘들었을 것이라는 점이다.

제3차 계획 당시만 해도 GTX-A 노선이 확정되지 않았기에 수요 분산과 수요 부족 우려에도 지하철 3호선 파주 연장을 우여곡절 끝에 포함시킬 수 있었으나 GTX-A 건설이 본격화된 시점에서 파주에 두 개의 철도를 반영시킨다는 것은 무척 어려운 일이었다.

실제로 제4차 계획에 실선으로 정해진 노선은 43건인데, 3차에 반영됐다가 떨어진 노선도 2건(인천 항만선, 대구·구미 산단선)이 있다. 그런데 총 검토 노선수가 150건에 달해 최종적으로 정해진 43건의 반영 비율은 겨우 28%이다. 2015년 크리스마스 이브에 제3차 계획 포함을 위해 국토부 장관을 만나 1시간 넘도록 읍소하고 설득했던 기억이 새롭다.

〈제4차 국가철도망구축계획(안)〉에 5개 역 건설로 반영

2021년 4월 22일 오전 10시, 〈제4차 국가철도망구축계획(2021~2030)〉 공청회에서 지하철 3호선(일산선) 파주 연장이 수정되어 반영되었다. 국토부에 확인한 결과, 대화~금릉 수정 노선에는 신설 역이 4곳, 증개축 역이 1곳으로 모두 5개 역으로 정해졌다. 이는 2016년 제3차 계획보다 신규 역이 1곳 늘어난 것이며, 노선 길이도 7.6km에서 10.7km로 약 3km가 연장되었다. 이에 따라 총사업비도 8,389억 원에서 1조 2127억 원으로 일부 증액되었다.

제4차 계획에 반영된 파주 연장의 가장 큰 특징은 지하철 3호선과 경의중앙선을 연결시켜 교통 효율성을 크게 높인 점이다. 파주의 균형발전이 획기적으로 개선되고, 파주 전역의 광역교통이 편리해질 뿐 아니라 지역경제도 활성화된다.

무엇보다 중요한 점은 향후 10년, 즉 2030년까지 계획된 국가철도 건설 최상위 법정계획에 지하철 3호선 파주 연장이 실선으로 반영되었다는 점이다. 지금까지 진행했던 정부 추진은 물론 민간사업도 지속적으로 추진할 수 있는 기회가 다시 주어졌다. GTX-A 노선 파주 연장 추진 과정을 돌아보면 얼마나 많은 우여곡절을 겪었는가! 그럼에도 위기를 이겨내며 끝내 진전시킬 수 있었던 것은 국가 철도망구축계획에 실선으로 반영되었기 때문이다. 그만큼 노력과 경쟁은 치열했다.

제4차망 내용을 자세히 살펴보면, 최종 실선 노선이 43건이다. 이 중 제3차망에 이미 반영됐던 노선은 37건(실선 34건, 점선 3건)에 달한다. 즉 완전히 새로운 노선은 불과 6건밖에 되지 않았다. 지역 노선 140건, 국토부 노선 10건이었다는 점을 감안하면 제4차망에 새롭게 추가된 노선 반영률은 겨우 5%밖에 되지 않는다는 뜻이다. 이 같은 경쟁을 뚫고 제3차 계획과 제4차 계획에 연속으로 반영된 지하철 3호선 파주 연장은 2030년까지의 국가 차원 철도건설계획에 담겨 현재 진행 중이다.

제4차 계획에 근거한 조속한 추진 촉구 노력

안(案)이었던 제4차 국가철도망구축계획이 2021년 6월 29일 철도산업위원회에서 최종 확정되었다. 지하철 3호선 파주 연장 노선명은

'일산선 연장'이며 구간은 '대화~금릉'이다. 복선전철을 10.9km 연장하는 총사업비는 1조 2127억 원으로 확정되었다.

지하철 3호선 파주 연장에 대한 기대가 높아졌고 운정연을 비롯한 운정신도시 주민들은 청와대 국민청원까지 올리며 정부에 민자 적격성조사 통과를 촉구했다. 나는 2021년 12월 9일 홍남기 경제부총리를 국회 기획재정위원장실에서 만나 지하철 3호선 파주 연장 민자조사 통과를 염원하는 주민 요청이 담긴 공문을 전달했다. 이와 함께 10,847명이 참여한 청와대 국민청원 내용과 주민들이 지역에 게시한 현수막 사진을 전했다.

이어 12월 20일에는 국토부 장관을 만나 같은 내용의 공문과 자료를 전달하면서 주민들의 애절하고 다급한 마음을 전했다. 실제로 2020년 11월부터 시작된 민자조사가 1년이 되도록 결과가 나오지 않았다. B/C가 예상보다 나오지 않고 있었다.

2022년 8월 18일 파주시는 기존 지하철 3호선 파주 연장 민자사업 제안서를 수정·보완해 한국개발연구원(KDI)에 다시 제출하겠다고 발표했다. 이는 2022년 7월 26일 내가 원희룡 국토부 장관을 만나 지하철 3호선 파주 연장과 관련해 면담을 가진 이후 파주시가 사업제안서 수정에 대해 공식적으로 언급한 것이다. 사업제안자인 현대건설이 수정·보완된 제안서 작성에 들어갔고, 국토부도 기재부와 협의를 진행하고 있다.

2장

지하철 3호선 파주 연장의 필요성과 타당성

1 | 폭발적인 인구 성장 파주, 도로 연장만으로는 한계

도로 연장의 역설, "도로는 늘어나는데, 왜 시간은 더 걸리나?"

인구 50만을 돌파한 파주는 그동안 많은 돈을 투입해 도로를 늘렸다. 2020년 11월 서울~문산 고속도로를 개통했고, 2026년 개통을 목표로 양주~파주~김포를 잇는 수도권제2순환고속도로도 추진하고 있다. 2019년 파주의 도로는 53.3km이고 2015~19년 연평균 도로연장 증가율은 0.46%에 달했다. 또 파주시 유출입 지점의 교통량은 2019년 남북 방향은 일일 166,565대, 동서 방향은 일일 54,872대로 나타났다.

문제는 이렇게 도로가 늘어났음에도 주요 국도와 국지도, 지방도의 통행속도가 기대만큼 나오지 않는다는 점이다. 큰 규모로 만들어지고 확장되는 도로도 개통 후 반짝효과를 낸 뒤 차들이 계속 몰리면서 통행속도가 줄어들고 있다.

파주시 주요 도로 통행속도(2019년)

도로명	구 간		연장 (km)	차로수 (편도)	통행속도 (km/h)
	기점	종점			
국도 1호선	조리읍 장곡리	판문점	44.5	2	31.0
국지도 56호선	교하읍 문발리	법원읍 오현리	33.0	1~2	55.0
국지도 78호선	광탄면 용미리	진동면 용산리	39.4	1	34.0
국지도 98호선	조리읍 장곡리	광탄면 기산리	13.0	1	41.0
지방도 359호선	야당동	문산읍 문산리	22.7	1~2	32.0
지방도 360호선	탄현면 성동리	광탄면 발랑리	21.9	1~2	25.5
지방도 363호선	조리읍 대원리	탄현면 낙하리	15.3	1~2	56.0
지방도 364호선	문산읍 당동리	법원읍 오현리	27.9	1	40.5

* 출처: 파주시 도시교통정비 중기계획(2022년 6월)

'다운스–톰슨의 역설(Downs–Thomson paradox)'이 시사하는 바는 크다. 자동차 평균속력은 결국 같은 거리를 대중교통으로 이동할 때의 평균속력으로 결정된다는 이론이다. 그래서 무작정 도로를 늘리는 것에 대해 신중해야 한다고 주장한다.

도로가 늘어나고 좋아지면 대중교통을 이용하는 대신 자동차가 늘어나고, 이는 대중교통 감소와 운임 상승을 일으키게 되어 결국 대중교통 이용객은 더욱 줄어들게 된다. 이러한 악순환 때문에 도로가 늘어나기 전보다 오히려 교통 상황이 더 나빠지는 현상도 생긴다.

파주시처럼 철도가 미비한 상태에서 인구가 급증하는 도시는 이러한 상황에 처할 수 있다. 실제 데이터를 보면 더 분명하다. 파주는 인구 증가 못지않게 자동차 수가 급증한 도시다. 2011년 자동차 수가 처음으로 15만 대를 넘은 이후 2022년에는 24만 대를 넘었고 2023년 3월에 25만 대를 돌파했다.

2012~2022년까지 전국 자동차 수 증가와 비교하면 늘 파주시가 높게 나타났고 최근에는 2배에서 3배까지도 증가율이 높았다.

인구가 늘어나면서 자동차가 늘어나는 속도도 무섭지만 파주는 1인당 자동차 보유도 많다. 서울 종로구, 고양시와 비교하면 2011~16년까지 파주는 1인당 0.4대를 꾸준히 등록한 것에 비해 종로구는 0.3대 수준을 유지했고, 2017년부터 파주는 1인당 0.5대를 돌파한 반면 고양시는 0.4대, 종로구는 0.3대 수준에 머물러 있다. 파주는 도로와 버스를 계속 늘린다 한들 자동차가 그 이상으로 늘어나 교통정책 효과가 약하다.

파주는 서울 출퇴근과 통학 통행이 많은 반면 철도가 미흡하다. 그래서 도로 중심, 자동차 중심은 당연한 결과일 수밖에 없다. 그래서 파주 시민과 함께 온 힘을 다해 GTX를 파주로 끌고 온 것이다. 2024년 하반기에 GTX가 개통되면 파주 시민의 교통 이용에 변화가 시작될 것이다.

철도는 시간, 비용, 환경을 다 따져보아도 효율성이 매우 높다. 인구가 늘고 있는 파주 입장에서 철도가 많이 놓일수록 좋은 이유다. 지하철 3호선 파주 연장에 따른 승용차 운행 감소와 철도 증가 효과를 분석한 자료를 보면 통행 분담률의 변화가 크다.

사업이 완료되는 2030년을 기준으로 '사업 시행'과 '미시행'을 비교한 분석에서 역세권에서는 승용차 통행이 하루에 약 5천 대 줄어들고 지하철 이용은 6천 명 늘어난다. 이를 더 넓혀 직접 영향권 기준으로 보면 승용차 통행은 약 1만 대가 줄어들고, 지하철은 약 12만 명 늘어난다. 그만큼 효과가 크다.

사업건설로 인한 철도분담률 제고 (단위: 천 통행/일)

구분	사업 미시행(2030년)		사업 시행(2030년)		증감	
	지하철통행량	승용차통행량	지하철통행량	승용차통행량	지하철통행량	승용차통행량
역세권	14 (4.67%)	232 (76.15%)	20 (6.69%)	227 (74.49%)	+6 (2.01%)	△5 (△1.66%)
직접영향권	70 (6.5%)	750 (70.3%)	81 (7.6%)	741 (69.4%)	+12 (1.08%)	△10 (△0.92%)
수도권 전체	7,002 (17.2%)	19,950 (48.9%)	7,018 (17.2%)	19,936 (48.9%)	+6 (0.45%)	△13 (△0.3%)

* 출처: 파주시·국토교통부 제출 ○○건설사 민간제안 보고서 사업기대효과

지하철 3호선 파주 연장,
촘촘한 광역교통 요구 해소와 촘촘한 역세권 개발까지 가능

파주 시민들의 주요 통근 및 통학 실태는 지금 무엇이 부족한지를 알게 해준다. 조사 결과 서울 도심과 강남으로 통행량이 많았다. 그러나 이를 위한 광역교통은 매우 부족하다. 파주 시민의 서울 통행량은 도심권 일일 10,642통행, 강남권역 일일 6,781통행, 영등포·구로권 일일 4,863통행으로 조사되었다.

여기에서 멈추지 않고 운정신도시 인구의 증가, 메디컬클러스트 입주, 운정테크노밸리 활성화, 평화경제특구법 제정으로 인한 대규

모 산업단지 건설 등으로 통행량은 더욱 늘어날 것이다. 그에 선제적으로 대응하는 광역교통이 필요하다.

그러나 파주의 광역교통은 여전히 열악하다. 일례로 운정신도시와 인접한 고양 지역의 광역버스를 비교하면, 서울 도심 및 강남으로 연결되는 대중교통이 부족한 것을 알 수 있다.

이러한 광역교통 부족으로 인하여 파주는 승용차 이용률이 다른 도시들보다 높고 서울 진입 도로망도 혼잡하다. 파주에서 출발한 차량들이 대부분 고양시를 통과하거나 고양시에서 출발하는 차들과 합쳐지기 때문이다. 또한 창릉 개발이 본격화되면 파주 시민이 이용하는 서울·인천·경기로의 통행은 더욱 복잡해질 것이다. 이에 따라 반드시 파주에 지하철 3호선을 연장시켜 교통 혼잡을 완화해야 한다.

물론 일부 전문가는 GTX 개통만으로도 이러한 문제가 일부 해결될 것이라고 말한다. 그러나 모든 시민이 GTX를 이용할 수는 없기 때문에 파주 시민의 교통 선택권을 위해서는 실핏줄 같은 철도망이 필요하다.

또한 인구 밀집 지역을 지나는 지하철 3호선 역사 주변으로는 업무·상업 시설이 빠르게 발달하며 지역경제를 성장시킬 것이다. GTX의 기능과 역할을 더 높이면서 지역경제를 활성화시키는 대중교통이 지하철 3호선 파주 연장이다.

GTX-A 노선 역사별 인접·연계 철도 노선

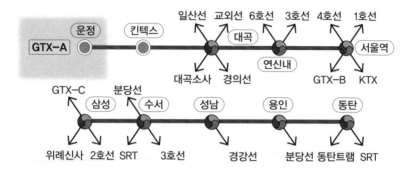

4부 지하철 3호선 파주 연장, 더 나은 파주

2 | 친환경 교통수단 활성화로 탄소중립에 기여

더욱 가속화되는 기후변화

2023년 6월 어느날 색다른 뉴스 하나가 보도되었다. TV 화면에는 줄에 매달린 참다랑어와 어부 한 명의 모습이 비쳤다. 참다랑어는 그 어부보다 50cm는 커보였다. 이 물고기는 170kg에 달해 평균보다 15배 정도나 무게가 많이 나갔다. 비싸게 팔리기는 했지만 마냥 좋아할 일은 아니다. 지구 생태계가 이미 이상 상태에 처해 있다는 방증이다. 우리나라 동해안의 온난화 영향이 빠르게 확산하는 추세이며, 특히 수온 상승이 심상치 않다.

기후변화는 인간을 포함한 모든 생명체의 존립을 위협하고 있다. 1960년대부터 1980년대까지 급속한 도시와 산업 발전 이후에 가속화되었다. 우리나라의 기후변화는 다음과 같은 영향을 미치고 있다.

- 기온 상승: 평균 기온은 1912년부터 2018년까지 1.8도 상승했다.
- 강수량 변화: 연평균 강수량은 1912년부터 2018년까지 10% 증가했다.

- 태풍의 강도 증가: 한반도에 상륙하는 태풍의 강도는 1970년대부터 2010년대까지 약 20% 증가했다.

- 해수면 상승: 1900년대부터 2018년까지 약 20cm 상승했다. 해안 지역의 침수, 홍수, 가뭄, 생물 다양성 손실 등 다양한 문제를 일으킨다.

전 국민의 참여 필요

기후변화에 대응하기 위해 정부, 기업, 시민사회의 협력이 필요하다. 정부는 온실가스 감축 정책을 추진하고, 기업은 친환경 기술을 개발하고, 시민은 환경을 보호하기 위해 노력해야 한다. 2050년 탄소중립을 위해 다양한 기후 관련 대책을 수립하여 추진 중이다. 여기에는 전 국민이 참여해야 한다.

기후변화를 막는 방법 중 하나는 온실가스 감축이다. 특히 수송 부문에서는 도로가 더욱 확대되고 화물운송이 늘어나면서 온실가스 배출량이 1990년에 비해 3배 넘게 상승했다.

교통수단별 탄소배출량

교통수단	km당 탄소배출량
비행기 단거리(국내선)	255g
중형 가솔린 차 (1인 탑승)	192g
중형 디젤 차(1인 탑승)	171g
비행기 중거리 (2~3시간)	156g
비행기 장거리(3,700km 이상)	150g
버스	105g

오토바이	103g
가솔린 차(2인 탑승)	96g
전기차	53g
기차(지하철 포함)	41g
여객선	19g
국제선 기차	6g

* 글로벌데이터인포그래픽업체 비주얼 캐피탈리스트(Visual Capitalist), 영국 정부 'Greenhouse gas reporting: conversion factors 2019' 재가공

　위의 표에서 보듯 기차는 일반적인 승용차가 내뿜는 탄소배출량의 5분의 1에 불과하다. 나아가 세계 여러 나라는 차세대 친환경 교통망을 구축하고 철도를 크게 확대하는 것에 투자하고 있다. 친환경 교통수단으로 평가받는 철도가 기후변화 시대에 대응하기 위한 차세대 국가전략산업으로 주목받고 있는 것이다. 이에 따라 지하철 3호선 파주 연장이 이루어져 승용차에서 철도 중심으로 바뀌면 탄소 저감에 크게 기여할 수 있다.

3 | 지하철 3호선 파주 연장으로
경제가치 커지는 문산 차량기지

문산차량기지 이용으로 연간 123억 원의 운영비 절감

지축차량사업소는 경기도 고양시 덕양구에 있는 지하철 3호선의 차량기지이다. 이곳은 서울메트로(현 서울교통공사)가 만들었으나 한국철도공사(코레일)의 전동차도 입고되고 있다.

지하철 3호선은 모두 44개 역이 있는데, 오금에서 지축까지 34개역은 서울교통공사가 관리하고, 지축에서 대화까지 '일산선'의 10개역은 코레일에서 관리한다. 즉 앞의 34개 역은 서울시 소유이고 뒤의 10개 역은 코레일 소유이다.

일산선을 건설할 때 코레일은 대화역 뒤에 일산선 전용 차량기지를 따로 지으려 했다. 그런데 감사원이 건설비용을 줄이기 위해 차량 정비를 지축기지에 위탁하는 것으로 결정했다. 즉 코레일의 기차 정비를 서울교통공사에서 하게 된 것이다. 어떻게 보면 더부살이를 하고 있다고 볼 수 있는데, 문제는 위탁 비용이 만만치 않다는 점이다. 코레일은 지축기지에 차량 정비를 맡기면서 매년 200억 원 넘는 비용을 서울교통공사에 낸다. 더부살이 비용을 매년 200억 원 넘게 지불하는 것이다. 상당히 큰 금액이라 아니할 수 없다.

지하철 3호선 파주 연장이 이루어져 일산선을 달리는 코레일 차량을 문산차량기지(코레일 소유)에서 정비하면 인건비 86.6억 원을 포함하여 연간 123.34억 원의 운영비가 줄어드는 것으로 나타났다.

일산선 연장사업 시행에 따른 일산선 전동차 검수 이전계획

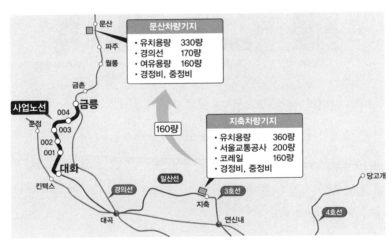

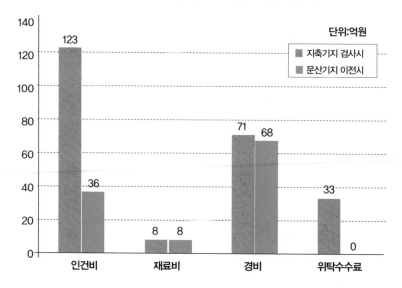

차량검수 이전에 따른 운영비 절감효과 분석결과

이뿐 아니라 현재 경의선 → 경부선 → 4호선 → 3호선으로 연결되는 일산선 유지보수 장비 투입 경로 116.4km를 문산기지에서 직접 투입함으로써 비용이 약 36% 절감된다. 또한 사고가 일어났을 때 긴급출동 시간을 줄여 철도 안전 문제를 해소하는 데도 일조할 것으로 기대된다.

유지보수 경로 비교 및 경로 단축에 따른 운영비 절감효과

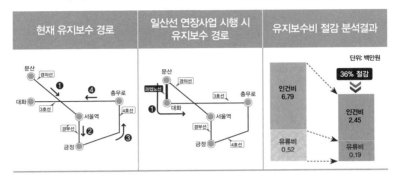

이처럼 지하철 3호선 파주 연장은 여러 장점을 지니고 있다. 수도권 서북부의 교통 개선, 출퇴근 시간 단축, 국가 상위계획과의 일관성 확보, 친환경 교통수단 및 경제적 가치 창출 등이다. 미래 사회 변화에 선제적으로 대응할 수 있는 교통대책이라 할 수 있다.

3장

지하철 3호선
파주 연장 확정을 위해,
한 걸음 더

1. 경제성을 최대한 확보해야

2. 창의적이고 혁신적인 추진 방식 지속적으로 필요

1 | 경제성을 최대한 확보해야

차량기지의 문산 이전이 핵심

지하철 3호선 파주 연장이 최근까지도 한국개발연구원(KDI) 민자적격성조사의 관문을 넘지 못하고 있는 핵심 요인은 충분한 경제성을 확보하지 못했기 때문이다. 향후 국가재정 또는 민간투자 중 어떤 방식을 선택하여도 각각 예타와 적격성조사를 통과하기 위해서는 경제성 확보가 필수적이다. 그런데 문제는, 지하철 3호선 파주 연장의 경제성이 적절한 평가를 받지 못하고 있다는 점이다.

경제적 측면에서 인정받아야 할 '지축차량기지 이전'에 따른 운영비 절감이 제대로 반영되지 않고 있다. 민간사업자 제안서에 구체적으로 명시되어 있는 막대한 운영비 절감이 KDI로부터 인정받지 못한 사유는 매우 단순하다. 민간사업자는 차량기지 이전으로 인해 얻어지는 운영비 절감을 세부적으로 제시하였다. 그러나 KDI에서는 차량 검수기관이 달라서 발생하는 운영비용 절감 차이를 인정하지 않고 있다.

KDI는 다음을 요구하고 있다. 현재 지축기지에서 검수하고 있는 철도 차량들이 일산선 연장으로 인해 문산기지로 이전한다는 것을 객관적인 자료로 증명하라는 것이다. 이것이 선행되어야 운영비 감소분을 경제성 분석에 반영할 수 있다는 것이다. 그런데 문산기지 이전의 협의 대상인 서울시와 서울교통공사가 아직 명확한 답을 주지 않고 있다. 국토부에서도 원만한 협의를 위해 나서겠다는 입장이지만 뚜렷한 성과는 보이지 않는다.

서울시와 서울교통공사를 설득하고 합의를 이끌어내야 한다. 서울시가 협력하여 지축 차량기지의 문산 이전을 공식화한다면 운영비 절감이 경제성 분석에 곧바로 반영된다. 그러면 지하철 3호선 파주 연장은 예타(또는 민자적격성)를 통과할 수 있을 것이다.

2 | 창의적이고 혁신적인 추진 방식 지속적으로 필요

문산 차량기지, 송파하남선 차량기지 역할도 소화할 수 있어

송파하남선은 본래 감일지구와 감북지구 개발에 따라 오금역에서 본선을 추가로 뻗어 감일지구, 감북지구를 거친 뒤 하남선과 환승 또는 경의중앙선 도심역까지 연장하는 논의로 촉발됐다. 그러나 감북 개발이 취소되고 감일 택지개발도 축소되면서 물 건너가는 상황이 되었다. 2018년 12월 교산이 3기 신도시로 발표되면서 그에 따른 교통대책으로 지하철 3호선 연장 차원의 송파하남선이 채택되었다.

교산 신도시 교통분담금을 이용해 LH에서 건설비 전액을 부담하기로 하여 광역교통대책이 세워졌다. 이는 한강신도시 교통분담금으로 개통된 김포 골드라인과 비슷한 방식의 수익자 100% 부담 형식이었다. 2022년 7월 기재부의 예타를 통과했다. 그런데 타당성 조사 과정에서 피맥(PIMAC, KDI 공공투자관리센터) 의견으로 차량기지를 포함시켰다. 본래 없던 내용을 반영하다보니 비용을 지나치게 적게

잡은 것이 현재 걱정거리가 되었다. 중정비도 소화해야 하는 차량기지여야 하기 때문에 2500억 원 넘는 돈이 예상되지만 절반 수준밖에 계상하지 않았기 때문이다.

만약 지하철 3호선과 연결되는 송파하남선 차량기지가 어려울 경우 문산기지를 활용해 부지 확보와 비용 문제를 해소할 수 있다. 나는 이 방안이 두 노선 모두 상생할 수 있는 최적의 방법이라 생각한다. 하남 입장에서는 사업 추진 현실성을 높일 수 있고, 파주 입장에서는 경제성을 높일 수 있기 때문이다.

마이스(MICE) 등의 다양한 부대사업을 개발해야

이를 위해 관련 부대시설을 적극적으로 활용해야 한다. 철도역에 상업시설을 입주시키는 것은 물론 역세권 개발, 공공형 임대주택, 문화·체육시설, 마이스(MICE) 시설 등 공공성과 수익성을 동시에 확보하는 다양한 부대사업을 추진하는 것이다.

현재 17개 유형으로 제한된 부대사업 유형을 확대해서 정보통신(IT) 관련 사업(온라인 광고 등), 공공형 임대주택, 지식산업센터 등 다양한 사업이 가능하도록 민간투자법 시행령 개정도 이루어진다. 또한 신속한 추진을 위해 예타, 민자사업적격성조사, 전략환경영향평가 등을 동시에 진행시켜 기간을 단축하는 방안도 검토하고 있다.

현재 대도시권 광역철도의 건설비와 차량제작비는 중앙정부와 지방정부가 협약을 맺어 분담하고 있지만 운영비는 지자체가 100%

부담한다. 지자체의 재정자립도를 감안하면, 이미 철도 건설과 차량 제작에 큰돈을 투자한 상황에서 철도 운영비는 재정적 압박일 수밖에 없다.

그나마 재정이 양호한 수도권 지자체들도 현재 운영 또는 건설 중인 철도에 더해 〈제4차 국가철도망계획〉에 포함된 노선들이 개통하는 시점에 이르러서는 지자체 파산을 염려하고 있다. 따라서 지하철 3호선 파주 연장의 당사자인 파주시에서도 재무적으로 지속가능한 새로운 사업을 적극적으로 모색해야 한다.

〈철도관련큰사전〉(백남욱 외, 도서출판골든벨, 2007)에서는 '철도건설'에 대하여 이렇게 설명하고 있다.

철도를 새로이 건설할 경우, 그 지역의 사회적·경제적 상황과 이미 건설된 교통기관과의 관련성을 검토하여 신설 철도의 산업, 경제에의 기여나 사회적 비용·편익 등을 고려하여 계획이 책정된다. 이 때문에 수요 예측이나 비용편익분석 등이 이용된다. (…) 여기서 가장 경제적이란 건설비만이 아니라 운영(운전, 영업, 보수) 등에 요하는 경비 등도 총괄적으로 고려되어야 한다.

이처럼 철도 건설은 막대한 비용과 시간이 걸리는 대규모 사업이기 때문에 노선 구상을 시작으로 설계, 건설 그리고 운영에 이르기까지 많은 요소를 고려한다. 민간투자가 매우 활성화된 도로와는 달리 철도는 여전히 정부 주도로 대부분 추진되고 있다. 그런데 최근 들어 이러한 기조에 변화가 생겨나고 있다. 공공성과 수익성을 동시에 확보할 수 있는 다양한 부대사업이 계획되고 있는 것이다.

지하철 3호선 파주 연장도 이 관점으로 살펴보아야 한다. 현재까지 민간투자로 진행되어 왔으나 경제성 부족으로 인하여 어려움을 겪고 있다. 향후 경제성을 높여 민자적격성 재조사를 신청하거나, 국가재정사업으로 전환하여 예타를 신청할 수 있다.

4장

지하철 3호선 파주 연장과 더불어, 서해선(대곡~소사선) 파주 연장

1. 서해선(대곡~소사선) 전철은 파주에서 출발해야 한다

2. 서해선의 파주 연장 수요검증이 완료되다

1 | 서해선(대곡~소사선) 전철은 파주에서 출발해야 한다

철도교통이 절실한 파주, 서해선에 파주가 빠져선 안 돼

교통인프라 구축보다 더 빠르게 성장한 파주는 철도가 절실하다. 다행히 2024년 하반기 개통하는 GTX-A가 현재의 자동차·도로 중심 교통을 개선시킬 것이다. 또한 GTX가 불러올 인구 유입과 산업체 증가는 파주의 성장 속도를 높일 것이다. 지하철 3호선 파주 연장뿐 아니라 지속적인 철도 확보에 파주는 끊임없이 도전해야 한다. 그러한 의미에서 서해선 파주 연장은 파주에게 소중한 기회가 아닐 수 없다.

우리나라 지하철 노선 명칭은 처음에 개통된 1호선, 2호선 등은 숫자로 표기되어 왔으나 현재는 그 노선이 지나는 지역의 이름을 따서 붙이고 있다. 예컨대 신분당선, 우이신설선 등이다. 그런데 지역 명칭이 붙지 않은 새로운 전철이 2023년 7월 1일 개통되었다. 바로 서해선(西海線)이다. 수도권의 서쪽을 담당하는 열차로 현재 고양시 대곡역에서 출발해 안산시 원시까지 운행되고 있다. 장기적으로는 충남 홍성역까지 연결되어 남북을 잇는 주요 간선철도 중 하나가 될 것이다.

1998년 공사가 시작되어 원시~소사선은 2018년에 개통되었고, 대곡~소사선은 2023년 7월에 개통되어 41.8km에 달한다. 이어 8월에는 일산역까지 연결되었다. 이후에도 공사는 계속되어 남쪽으로는 홍성까지 연결되고 북쪽으로는 경의중앙선과 직결되어 운행할 예정이다.

서해선은 세 가지 목표를 위해 건설되었다. 첫째, 수도권 제1순환고속도로, 평택파주고속도로(서울문산고속도로의 연장), 39번 국도의 교통 체증을 완화시키고, 수도권 순환철도망을 구축하는 것이다. 둘째, 서남부 도시들인 부천, 시흥, 안산시의 교통을 개선시키고, 특히 대곡~소사 구간은 경기 순환철도망의 하나로서 서울의 기능을 경기도로 분산시키는 역할을 한다. 셋째, 수도권 서부의 김포공항·강남·서울 도심으로 이동을 빠르게 한다.

문제는 이처럼 중요한 서해선이 대곡역에서 그치고 그 위의 파주까지 연결되지 않는다는 점이었다. 인구 50만 명을 넘어선 주요 대도시인 파주에 서해선이 연결되지 않고서는 수도권 순환과 발전에 대해 논하기 어렵다.

이를 해결하기 위해 나는 2020년 4월에 치러진 제21대 국회의원 선거에서도 서해선의 파주 연장을 공약에 넣어 파주 시민들의 염원을 담았다.

2 | 서해선의 파주 연장
수요검증이 완료되다

이재명 더불어민주당 대선 후보의 주요 공약

2021년 12월, 파주시는 국토부(장관 노형욱)에 대곡소사선 파주 연장을 승인해 달라고 건의하였다. 파주시는 2021년 1월부터 국토부에 타당성 용역 보고서를 제출한 후 고양시와 지속적으로 협의하여 12월 16일 국토부에 사업 승인을 건의한 것이다. 이는 서해선이 대곡역에서 그치지 않고 운정역까지 12.2km를 연장하는 것(일산역에서 운정역까지는 5.3km)으로 사업비와 운영비를 파주시와 고양시가 분담해서 추진하는 것으로 계획했다.

해가 바뀐 2022년은 대통령 선거가 치러진 해였다. 2월 19일에 야당역 앞에서 더불어민주당 파주 지역선거대책위원회 출정식을 진행했다. 7개월 전인 2021년 6월 20일에 나는 이재명 후보 캠프에 참여했다. 정책본부장을 맡아 7개월여 동안 밤을 낮 삼아 일하면서 대한민국 전체를 아우르는 1천여 개가 넘는 공약을 만들어냈다.

이재명 후보의 파주 발전 공약은 모두 6개였다.

1. 지하철 3호선 파주 연장 조기 실현

2. GTX 차량기지 승하차 기능 마련

3. 서해선(대곡~소사선) 운정역 연장

4. 통일로선(조리~금촌) 신설 추진

5. 파주 메디컬클러스터 조성

6. 대규모 문화예술공연장 건립

이재명 후보는 경기도지사에 출마할 때 파주에서 출정식을 가질 정도로 경기 북부, 그리고 파주에 관심이 많았다. 경기도지사를 지내면서도 접경지역의 "특별한 희생에 대한 특별한 보상이 필요하다"는 신념으로 파주가 당면한 문제에 귀를 기울였다. 운정 테크노밸리를 지원해준 것도 이 지사였다. 선거운동 마지막 날인 2022년 3월 8일, 이 후보는 파주를 다시 한 번 찾았다. 두 달 사이 세 번째 방문이었다. 이 후보는 유세 현장인 야당역에 경의중앙선을 타고 도착해 광장에 모인 파주 시민들을 깜짝 놀라게 했다. 파주 시민들은 우레와 같은 환호성으로 이 후보를 반겼으며, 이 후보는 파주를 비롯한 경기 북부에 대한 투자 및 발전 지원의 중요성을 강조했다.

"교통이 제일 중요한데 운정신도시까지 지하철 3호선 연장해야겠죠? 제가 이미 약속했습니다. GTX A노선 파주 차량 기지에 승하차 가능하게 만들면 우리 시민들 훨씬 편하겠죠? 주민들이 필요로 하는 일 확실하게 약속하고 말한 대로 실천할 수 있는 그 사람 누구입니까, 여러분?"

제20대 대통령 선거에서 이재명 후보는 아쉽게도 당선되지 못했지만 파주 발전을 위한 파주 시민들과 나의 노력은 멈출 수 없었다. 2022년 4월 21일 운정신도시연합회 임원들과 간담회를 갖고 파주의 주요 현안에 대해 의견을 나누었다. 간담회에서 논의한 주요 현안은 아래와 같다.

1. 지하철 3호선 파주 연장
2. 대곡소사선 파주 연장
3. 메디컬클러스터 아주대학병원 건립, 국립암센터의 미래혁신센터 및 바이오 기업 유치
4. 대형복합문화공연장 및 커뮤니티센터 건립
5. 당하교차로 입체화 반영

수요검증 완료! 국토부 연내 최종 승인만 남아

2023년 새해가 밝아오면서 나는 파주 시민들에게 새해 인사를 드리면서 시민들이 늘 궁금해 하는 사안들에 대해 설명을 해드렸다.

GTX 전동차와 함께 2023년 새해 인사드립니다.
꾸준히 발전해온 우리 파주는 이제 인구 50만 명을 넘어섰습니다. 동(洞) 3개가 늘어나 운정 6동까지 확대되었습니다. 이에 따라 해야 할 일이 더 많아졌습니다. 교통, 교육, 일자리, 문화예술체육, 환경 등 모든 분야에서 생활과 삶의 질이 더 높아져야 합니다. 살고 싶은 곳, 파

주가 돼야 합니다.

운정역에서 출발하는 GTX-A 사업은 2024년에 개통될 예정입니다. 서울 중심부까지 20분대 출퇴근이 가능해집니다. 파주에 교통혁명이 일어납니다. 생활권은 넓어지고 삶의 여유는 더 커집니다.

GTX운정역 복합환승센터는 2024년 6월 완공 목표로 원활하게 진행 중입니다. 역사 주변으로 문화공간이 들어서고, 복합상업시설도 들어서게 됩니다. GTX운정역은 단순한 기차역이 아니라 파주 시민들의 소통과 문화생활의 중심지입니다. 명실상부한 파주의 랜드마크가 될 것입니다.

지하철 3호선 파주 연장은 2020년 11월부터 시작한 민자적격성조사 중 민간 제안의 경제성이 미흡해 보완 절차가 진행 중입니다. 지축차량기지를 문산차량기지로 옮기고, 파주시와 현대건설이 MOU를 체결한 금릉역 주변 부대사업을 적극 추진하는 등 비용은 줄이고 수익성을 높이는 방안이 마련 중입니다. 금년에는 반드시 더 진척시키겠습니다.

서해선(대곡~소사) 파주연장 사업은 보완 작업이 진행 중인데, 상반기 중 최종 결정될 것으로 예상됩니다. (…) 집 근처에서 일하고, 문화예술을 향유하고, 생활체육을 즐기는 파주. 일자리와 문화예술을 겸비한 파주는 명실공히 정주 여건을 갖춘 '명품 자족도시'가 될 것입니다. 시민의 삶은 더욱 풍요로워질 것입니다.

새해 인사에서도 서해선의 파주 연장은 빠질 수 없는 중요 사안이었다. 이처럼 파주 시민들의 열망으로 2023년 6월에 서해선의 파주 연장 수요검증이 완료되었다. 국가철도공단의 수요 분야 전문가 검증위원회 심의를 통과해 국토부 최종 사업 승인을 앞두고 있다. 대곡~소사선 파주 연장은 일산역에서 운정역까지 5.3km를 연장하는 것으로 수요검증위원회 심의를 통과해야 다음 단계를 진행할 수 있다.

나는 6월 30일에 원희룡 국토부 장관을 국회 본회의장에서 만났다. 장관에게 대곡~소사선 파주 연장과 관련해 면담을 요청했고, 장관실에 면담 요청 공문도 보냈다. 장관은 곧 일정을 잡자고 긍정적으로 말했다.

이 구간이 개통되면 파주에서 대곡역, 김포공항역을 거쳐 경기 부천, 시흥, 안산까지 경기 서남부권을 환승 없이 한번에 이동할 수 있게 된다. 김포공항까지는 1시간 30분이 걸렸으나 30분 내로 이동이 가능하다. 서해선이 파주까지 연장되어 파주 시민들이 빠르고 편리하게 수도권 모든 지역을 오갈 수 있는 날이 곧 다가올 것이다.

5장

평화경제특구와
지하철 3호선 파주 연장,
100만 자족도시의 양 날개

1 │ 평화경제특구,
꿈이 현실로

특별한 희생에 대해선 특별한 보상을!

2023년 8월 2일 파주시 평생학습관 대강당에 지역언론과 파주 시민 약 200명이 모였다. 〈평화경제특구 왜, 파주인가?〉를 주제로 시민 심포지엄이 열렸는데, 파주 시민들의 열렬한 환호를 받았다.

심포지엄에서는 5월 25일 국회를 통과한 평화경제특구법 시행을 앞두고 '왜 파주가 평화경제특구 적합지인가'에 대한 중요한 발표와 질의들이 오갔다. 발제는 홍민 통일연구원 선임연구위원이 맡아주셨고, 이영성 서울대 교수와 고성일 국민대 교수, 박석문 파주시 자치행정국장이 토론에 함께 했다.

파주 시민들의 뜨거운 호응 속에 진행된 심포지엄에서는 발제자와 토론자 모두 평화경제특구는 파주에 유치해야 한다고 입을 모았다. 발제를 맡은 홍민 선임연구위원은 평화경제특구 파주 유치의 장점으로 남북한 및 동북아 철도망 연결 거점, DMZ가 도시 상당부분에 접해 있는 점, 남·북경제공동체 구상 논의에 있어서 경제·생태·역사·문화적 입지 등을 들어 파주 유치에 힘을 보탰다.

그리고 보름이 지난 8월 17일에는 국회에서 더 큰 규모로 경기도와 국회의원들이 공동 주최하여 평화경제특구 유치를 위한 국회토론회가 열렸다.

"이 법, 평화경제특구법은 제정법입니다. 17년이 걸렸는데, 제정법을 만들 때 국회의원은 가슴속에 법의 취지, 일종의 정신을 담습니다. 저는 이 법에 두 가지 시대정신이 담겨 있다고 생각합니다. 첫째, 이 법에는 '남과 북의 평화와 번영을 더 키워나가야 한다', '반드시 해내야 한다'는 시대정신을 담고 있습니다. 그리고 또 하나는, 접경지역 문제입니다. 접경지역, 참 힘듭니다. 올해가 정전 70주년인데, 지난 70년 동안 군사보호구역으로 매우 힘든 희생을 감내해 왔습니다. 나라 안보를 위해서 접경지역에 있는 주민들, 파주, 김포, 연천 등등 감내해 왔습니다. '이제는 국가가 특별한 희생에 대해서 특별한 보상을 해주어야 한다' 그리고 '접경지역은 특별한 보상을 받아내야 한다'는 시대정신이 이 법에 담겨 있습니다. (…) 17년 동안 아홉 분의 국회의원이 대표발의하셨고 그 과정에서 433명의 국회의원이 함께 발의해 주셨습니다. 그 힘으로 금년 5월 25일 드디어 통과가 됐습니다. 정말 가슴이 뭉클합니다."

— 윤후덕 국회의원, 2023년 8월 17일
평화경제특구 경기도 유치 국회 토론회 축사 중

김동연 경기도지사가 참석한 이날 국회토론회에는 법안을 대표 발의 했던 나를 비롯해 박정 의원과 김성원 의원이 함께 했고 법안 통과를 위해 애썼던 김주영 의원과 박상혁 의원도 참석했다. 그리고 김경일 파주시장이 참석했다. 특히 토론회에서 김동연 지사는 평화경제특구가 경기 북부 발전과 성장의 비전을 만들 '게임체인저(Game Changer)'라고 강조했다.

"규제 개혁과 SOC 건설 등 투자유치를 통해서 경기 북부 각 지역에 맞게끔 발전과 성장의 비전을 만들어서 일관되게 추진하는 것. 이것이 경기 북부의 게임체인저입니다. 그 게임체인저 중에서 오늘 가장 중요한 핵심 중의 하나인 평화경제특구 유치를 위한 토론회를 열게 되어 대단히 기쁘게 생각합니다. (…) 저는 '평화는 경제다'라는 말을 많이 해왔습니다. 제가 등치로 같이 놓았던 이 두 단어, 평화와 경제가 한데 뭉친 평화경제특구법이 오늘 토론회를 주최해 주신 국회의원님들 중심으로 통과가 됐고 평화경제특구 지정을 위한 대장정의 그 첫걸음을 경기도가 내딛었습니다. (…) 평화경제특구는 저희가 10여년 이상 준비해왔던 것인데 이번 국회에서 오늘 참석하신 다섯 분의 국회의원님 또 많은 분들의 도움으로 통과되게 되어서 진심으로 감사하다는 말씀을 370만 경기 북부 주민을 대표해서 드립니다."

— 김동연 경기도지사, 2023년 8월 17일
평화경제특구 경기도 유치 국회 토론회 인사말 중

발제를 맡은 이영성 서울대 교수는 평화경제특구 조성 방향에 대해 발표했고, 조성택 경기연구원 연구위원은 경기도 평화경제특구역할에 대해 발표했다.

국회와 경기도 및 지자체, 각계 전문가 등 130여 명이 참석한 이날 국회토론회에는 파주에서도 시민들이 오셔서 토론회 내내 파주유치를 응원했다.

전문가들은 평화경제특구의 성공을 위해 산업 거점을 잘 확보하고 무엇보다 철도 등 SOC 인프라가 구축되어야 한다는 점, 규제완화를 위해 끊임없이 노력하고 남북한 급진적인 관계 변화에도 대비하며 시행령을 세심하게 준비해야 한다는 점을 강조했다.

입법의 시간이 완수됐고 이제 행정의 시간이 왔다. 김동연 도지사에게 평화경제특구 유치에 힘써 달라고 수차례 당부했다. 제1호 평화경제특구는 단연코 파주가 되어야 한다.

파주는 대한민국 제1호 평화경제특구

파주는 평화경제특구 논의가 시작될 때부터 개성공단과 짝을 이루는 특구지역으로 언급돼왔던 곳이다. 2006년 최초로 평화경제특구법이 발의됐을 때도 개성공단에 상응하는 남쪽 경제특구는 파주라고 아예 지정해서 여야 국회의원 100명이 법을 발의했다.

나도 국회 입성 후 제19대, 제20대, 제21대에 이르러 10년이 넘는 동안 파주를 특구로 특정한 법안을 3번 대표발의했다. 이처럼 개성공단에서 출발한 평화경제특구법은 처음부터 파주에 특구를 설치하기 위해 탄생했다.

17년을 기다려온 〈평화경제특구법〉에는 세 가지 의미가 담겨 있다. 첫째는 특별한 희생에 대한 특별한 보상이다. 70년 세월을 안보라는 이유로 희생했던 파주에 대한 특별한 보상, 특별한 선물이다. 둘째는 남북평화 공존을 위한 초석이 마련됐다는 점이다. 지금은 잠시 멈춰 있는 상황이지만 파주는 평화롭게 상생할 남북한의 교류 통로이자 경협 근거지이다. 앞으로 그 역할은 더욱 커질 것이다. 셋째는 실리적인 이유이다. 바로 나의 고향 파주의 발전이다. 오랫동안 준비한 만큼 파주는 대한민국 제1호 평화경제특구가 되어야 한다.

정부가 나서서 특구를 지정하고 지원하는 만큼 대형 산업단지가 조성될 수 있고, 이는 대규모 일자리 창출로 이어진다. 나아가 대단지 주거공간과 대규모 상권, 추가적인 교통·물류 인프라 개발까지 다양한 경제 파급 효과가 일어날 것이다.

그러나 문제 제기도 꾸준히 나왔다. 평화경제특구에 붙었던 물음표 중 가장 큰 것이 북한과 가까운 곳에서 투자한 만큼의 경제효과가 높게 나올 수 있느냐는 것이었다.

그런데 처음 논의가 진행됐던 20년 전 파주와 지금의 파주는 완전히 달라진 도시가 되었다. 50만이 넘는 대도시로 성장했고 이를 뒷받침하기 위한 교통이 끊임없이 발전하고 있다. GTX-A 개통이 눈앞에 다가왔고 수도권 제2순환고속도로도 2025년이면 마무리된다.

여기에 서울 주요 중심지를 지나 파주 중심지를 관통하는 지하철

3호선 연장이 성사된다면 금상첨화가 될 것이다. 이를 바탕으로 파주는 경기 북부의 새로운 교통·물류·산업의 허브가 될 것이다.

통일부장관이 지정하는 최초 경제특구,
생산유발효과 9조원, 일자리 7만3천개

평화경제특구법은 통일부 장관이 지정하는 최초 경제특구법이다. 수십 가지 혜택이 특구 지정 즉시 제공되기 때문에 초고속 입주와 지역경제 활성화가 기대된다. 사업 시행자에게는 토지수용과 사용, 도로·상하수 시설 설치가 지원되고 각종 지방세와 각종 부담금도 감면된다. 또 입주 기업들은 임대료도 감면 받고 지방세도 감면 받고 운영자금 지원까지 받을 수 있고 도로와 용수 등 기반시설 지원도 받을 수 있다.

이뿐만이 아니다. 도시개발법, 택지개발촉진법 등 11개 법률에 따른 지정 승인 절차가 완료된 것으로 봐주고 전기사업법, 도로법, 국유재산법 등 총 41개 법률에 따른 각종 인허가 절차도 완료된 것으로 봐준다. 말 그대로 초고속 입주와 지역경제 발전을 불러올 것이다.

2015년 경기연구원은 평화경제특구의 경제 효과분석을 했는데, 100만평 기준으로 할 때 평화경제특구의 경제적 파급효과가 전국 기준으로 생산유발효과 9조 원(경기도 6조 원), 고용창출 7만3천 명(경기도 5만4천 명), 부가가치 유발효과가 3.6조 원(경기도 2.5조 원)에 이른다고 분석했다. 이것만으로도 지역경제 파급효과는 여느 경기 북부

산업단지 경제효과보다 크다.

이제 통일부 시행령이 나오면 2025년 시행 세법 개정과 특구법 개정 추진을 통해서 국세 감면과 국가재정 지원 인센티브까지 추진해나갈 것이다.

이제 17년 동안 급격히 성장한 파주가 기술과 자본까지 집약된 새로운 산업경제특구로 파주 평화경제특구를 마련할 차례다. 서울 주요 중심지를 관통하는 지하철 3호선과 파주 평화경제특구라는 양 날개로 파주는 100만 자족도시를 향한 비상을 준비하고 있다.

평화경제특별구역의 지정 및 운영에 관한 법률안(대안) 주요 내용

입법 목적	특구 지정·운영 → 남북 경제교류와 상호보완성 증대 및 남북경제공동체 실현
대상 지역	△비무장지대 남방한계선, 해상 북방한계선 인접 시·군의 관할구역에 속하는 지역 △남북 경제교류·협력 촉진 및 지리적 여건 등을 고려, 대통령령으로 정하는 지역
계획 수립	통일부장관, 기본계획(10년 이상, 목표, 발전전략, 중장기 방향 등)을 5년마다 수립 * 절차 : 해당 지자체장 의견 청취→관련 중앙행정기관장 협의→특구위 심의·의결
특구 지정	시·도지사 요청(개발계획 제출)→통일부·국토부장관 지정(관계기관장 협의→특구위 심의·의결)
지정 효과	도시개발법 등 11개 법에 따른 구역·계획·지구·단지의 지정·결정·수립·확정·승인 또는 변경
	「도시개발법」 「택지개발촉진법」 「산업입지 및 개발에 관한 법률」 「관광진흥법」 「물류시설의 개발 및 운영에 관한 법률」 「국토의 계획 및 이용에 관한 법률」 「공유수면 관리 및 매립에 관한 법률」 「해양공간계획 및 관리에 관한 법률」 「수도법」 「하수도법」 「농어촌정비법」 등
사업 절차	시·도지사, 개발사업시행자 지정(국토부장관 협의)→국토부장관, 실시계획 승인 (개발사업시행자 지정 2년내 제출·승인)→개발사업시행자, 사업 시행(실시계획 승인 후 1년 내)

	실시계획 승인 시 초지법 등 41개 법의 각종 허가·인가·지정·승인·협의 및 신고 등 의제
인허가 의제	「초지법」「산지관리법」「산림자원의 조성 및 관리에 관한 법률」「산림보호법」「민간인 통제선 이북지역의 산지관리에 관한 특별법」「농지법」「농어촌정비법」「산업 집적활성화 및 공장설립에 관한 법률」「하천법」「공유수면 관리 및 매립에 관한 법률」「하수도법」「폐기물관리법」「수도법」「전기사업법」「전기안전관리법」「체육시설의 설치·이용에 관한 법률」「관광진흥법」「도로법」「국토의 계획 및 이용에 관한 법률」「장사 등에 관한 법률」「항만법」「항만공사법」「도시개발법」「택지개발촉진법」「도시 및 주거환경정비법」「빈집 및 소규모주택 정비에 관한 특례법」「사도법」「사방사업법」「소하천정비법」「골재채취법」「국유재산법」「공유재산 및 물품 관리법」「집단에너지사업법」「에너지이용 합리화법」「도시교통정비 촉진법」「물류시설의 개발 및 운영에 관한 법률」「산업입지 및 개발에 관한 법률」「공간정보의 구축 및 관리 등에 관한 법률」「건축법」「유통산업발전법」「주택법」등
입주 기업	△남북교역·경협기업 △전·후방 산업 연관 효과 기업 △관련 융복합 고도화 가능 기업 등
지원 사항	(개발사업자) △토지수용 및 사용 △조세·부담금 감면 (입주기업) △도로·용수 등 기반시설 지원 △세제 및 자금 지원 △남북경협 시 사업 절차 간소화
추진 체계	특구위원회(위원장: 통일부장관, 부위원장: 국토부차관, 당연직 위원 및 10명 이내 위촉위원)

* 출처: 통일부 2023.5.22. 보고 자료

2 | 지하철 3호선 파주 연장과 평화경제특구 추진은 윈윈

평화경제특구 유치는 지하철 3호선 파주 연장 B/C를 크게 높일 것

평화경제특구가 보여주는 높은 생산유발효과와 고용창출효과는 지하철 3호선 파주 연장에 희소식이다. 일자리 창출과 인구 유인 효과는 부족한 교통 수요를 한번에 높여줘 지하철 3호선 파주 연장의 B/C를 크게 높일 수 있기 때문이다.

한편 평화경제특구는 공단뿐 아니라 주거·상업·생활편의 시설 등이 복합적으로 갖추어지는 복합도시경제특구가 될 터인 바, 이는 철도교통 인프라 구축 없이 성공하기 힘들다. 상호 간에 윈윈(win-win) 관계인 것이다.

특히 지하철 3호선 파주 연장(대화~금릉) 노선은 북측과 이어지는 경의선과 연결되면서도 강남을 비롯한 서울 주요 중심지와 연결되는 노선이다. 고양시를 거쳐 올라와 이제 인구 50만을 뚫고 성장하고 있는 파주 운정신도시 중심을 모두 연결하는 최적의 철도 노선이라 할 수 있다.

실제로 2023년 8월 17일 국회에서 열린 〈평화경제특구 경기도 유치 국회토론회〉에 참석했던 발제자와 토론자들은 한목소리로 평화경제특구 성공이 산업 거점 확보와 철도 모빌리티 등 SOC 인프라 구축에 달려 있다고 강조했다. 이는 북측 공단이 노동집약에 방점을 찍는다면 남측 평화경제특구는 기술과 자본 집약에 방점을 찍는 협력 모델이라는 점을 생각해보면 쉽게 이해된다.

이제 평화경제특구법 시행에 맞추어 시행령이 2023년 12월 14일 공포·시행되면 곧바로 통일부는 기본계획 수립에 돌입할 것이다. 2024년 정부예산안에 기본계획 수립 용역비가 반영되었고 올해 국회 심의를 통해 확정될 것이다. 통일부는 특구위원회를 상반기에 구성하고 하반기에 기본계획 수립이 완료되면 특구위원회를 통해 기본계획을 확정지을 계획을 갖고 있다.

경기도와 파주시는 이미 통일부 담당 부서와 소통하고 교감하며 대비하고 준비하고 있다. 기본계획 수립 과정에 적극적으로 의견을 제시하면서 향후 기본계획이 특구위원회에서 확정되는 즉시 개발계획을 완료해 특구 지정을 요청할 것이다.

지하철 3호선 파주 연장선과 연결되는 평화경제특구, 파주 발전 새 시대 열어낼 것

평화경제특구는 기획 단계부터 남북경협을 일차적으로 추진하면서 향후 동북아 및 유럽지역으로 육로 수송이 가능한 산업 거점이자 물류와 상업교류의 거점으로 추진되어왔다. 그래서 많은 전문가들이 교통과 물류 중심 기능을 수행할 수 있도록 반드시 교통 모빌리티 등 사회간접자본 확보 계획이 있거나, 확보가 용이한 곳에서 추진되어야 한다고 강조한다. 평화경제특구는 단순한 제조업 기지가 아니기 때문이다.

지하철 3호선, 경의선, GTX-A가 연결되고 배후에 충분한 인구의 주거단지가 존재하는 대규모 복합도시공단 파주 평화경제특구! 이는 꿈이 아니다. GTX-A 노선은 이미 현실이 되었고, 지하철 3호선 파주 연장은 경의선과 연결되는 노선으로 추진되고 있다. 운정 1, 2, 3지구 신도시 추진 마무리를 앞두고 파주 인구는 50만 명을 넘어섰다. 그리고 그토록 기다렸던 평화경제특구법이 17년의 기다림 끝에 2023년 국회를 통과했다.

파주 평화경제특구는 이 같은 현실적 근거들을 가지고 추진되고 있다. 운정 3지구 개발이 그랬던 것처럼, GTX-A 파주 연장이 그랬던 것처럼 파주 시민과 함께 평화경제특구법을 현실로 만들었다. 이제 평화경제특구 파주 유치라는 하나의 날개에 지하철 3호선 파주 연장이라는 또 하나의 날개를 붙여야 할 때다.

어깨가 무겁지만 힘들지는 않다. 파주 시민들과 함께 발로 뛰고 땀 흘리면 꿈은 반드시 이루어졌다. 앞으로 다가올 파주 발전 새시대는 지하철 3호선 파주 연장과 파주 평화경제특구라는 양 날개의 힘으로 활짝 열릴 것이다.